ブラック企業に
負けない
リーガル・リテラシー

労働法と学ぶ「自覚」のキャリア論

中嶌 剛 著

萌書房

まえがき

　仕事を持つことには多面的な意味があります。米国の心理学者A. H. Maslowが提唱した欲求5段階説を職業の意味に対応させると，「1. 経済的報酬」，「2. 安定性・継続性」，「3. 社会的人間関係」，「4. 社会的評価」，「5. 自己実現・自己啓発」になります。もちろん，業種や就業形態や立場によって就労意識は異なりますが，B. C. デール教授は米国の若者が抱く職業キャリアの志向性を次の5つに分類しています。「I. 前進志向 (Getting Ahead)」，「II. 安定志向 (Getting Secure)」，「III. 自由志向 (Getting Free)」，「IV. 挑戦志向 (Getting High)」，「V. バランス志向 (Getting Balanced)」です。しかし，皆さんがこれらのいずれの志向タイプに属するかに関係なく，職業キャリアを築く過程においては，喜びや楽しみだけではなくさまざまな苦労や困難を伴うのが常です。こうした予測不能な困難（苦難）に対して労働者側である皆さんを法的根拠に基づき守ってくれる強い味方が「労働に関する法律（以下，労働法）」になります。"人は職業キャリアを継続させる中で自分の人生に希望を見出す"という実証結果が近年の若者の意識傾向として確認されています（中嶌 (2015b)）。生きがいには今生きていることへの充実感や自由や自分の行いに対する反響など，現在の幸福感や手応えが大きく作用すると神谷 (1966) は指摘します。希望を持って人生を過ごすためにも，より着実な職業キャリアを築くことが重要になります。法律は多くの人にとって必ずしも身近ではありませんが，労働法の最低限の基礎知識は社会で働くすべての人にとって必要なものです。

　本書は，"とりあえず就職内定"を得てこれから社会に出て職業キャリアを築いていこうとしている人，あるいは，"とりあえず定職に就きたい（正社員になりたい）"と強く考える人を想定して，将来の自己キャリア（自分軸の視点）を労働法（社会軸の視点）の枠組みの中で捉え直すことにより，実践的なキャリアデザインを後押しするために書かれたものです。法学部（出身）以外の学生や社会人にも予備知識なく読める内容になっていますし，就活開始前の学生が具体的な職業キャリアを思い描く上でも役立つものです。

i

本書を通じて，自らの人生を自覚的に生き抜くための基盤になる考え方を知った上で，わが身に置き換えて考えてみることが自分なりの解釈に結びつきます。学ぶことで活動の意味や意義を深めてください。さらに，分析的に理解したことを社会における人とのつながりに生かすことで明るい未来は切り拓かれていくはずです。

　最後に，本書を読んだ皆さんが安穏としていられない中にも確かな希望を持って職業キャリアを育まれることを心より願っています。

　　　2016年5月

中嶌　剛

目　　次

まえがき

序　章　キャリア教育（自分軸）×労働法教育（社会軸）の重要性 ……………………………………………………… 3

問題の所在（3）／労働法を念頭に置いたキャリア形成（9）／キャリア形成を念頭に置いた労働法教育（12）

《知るの巻》

第1章　意外と知らない自分×知られていない働く基本 ……………… 23

第1節　「いつでも・どこでも・何度でも」という基本姿勢　23

人生80年の時間（23）／働く目的（26）／目に見えない価値（27）

第2節　社会人としての心構えが本当にできているのか　30

日本の社会人（30）／職場におけるコミュニケーション（32）／会社でのビジネスマナー（34）

第3節　働く最低基準とはどこまでを指すのか　35

労働者と使用者（36）／労働者を守る法律（37）／長時間労働と労働時間規制（40）

第4節　働くことに関する労働者側×使用者側のホンネ対談　43

第2章　いろいろ持っている自分×持たされる仕事内容 ……………… 46

第1節　自己分析や業界・企業研究は社会で本当に役立つのか　46

今日の就職活動（46）／就職内定の意味（49）／多様化するハラスメント（50）

iii

第2節　就職活動で自分のどこが成長したのか　51

就職活動と自己成長(51)／社会人基礎力(53)

第3節　就職活動をしても分からない限界とは何なのか　55

就職活動と2極化(55)／採用学(57)

第4節　就活に関する労働者側×使用者側のホンネ対談　58

《**考えるの巻**》

第3章　不安だらけの自分×グレーだらけの就労現場 ……………… 65

第1節　職業キャリアを継続させる中で本当に希望が持てるのか　65

女性が活躍する社会(65)／希望に対する主観的効果(67)

第2節　休日出勤サービス残業＝当たり前は"ブラック"といえるのか　68

コーポレート・ガバナンス(68)／社内における働くルール(69)／
自己認知と会社認知(70)

第3節　働く最低基準は本当に会社で守られているのか　72

ブラックバイトの実態(72)／隠れブラック企業の存在(76)

第4節　労働時間に関する労働者側×使用者側のホンネ対談　77

第4章　自分にとっての常識×会社の中での非常識 ……………… 81

第1節　売上高はお客様からの"有難う"の通信簿ですって　81

売上における常識(81)／会社における常識(82)

第2節　職場内でのマナーと生産性向上にはどんな関係性があるのか　82

仕事のおける常識(82)／5Sとニュー5S(85)／生産における常識
(86)

第3節　雇用保障してくれる会社は本当に悪者なのか　87

人本主義(87)／忠誠心と企業業績の関係(89)

第4節　待遇面に関する労働者側×使用者側のホンネ対談　90

《つながるの巻》

第5章 とりあえず生きている自分×何となく
つながっている社会 ･･･････････････････････････ 97

第1節 とりあえず決まった内定先のどこが悪いのか 97

とりあえず進路選択という現実(97)／若年無業者の実態(99)／
計画された偶発性と若者の離職(101)／人生の過渡期と世代効果
(102)

第2節 普通に働くことはそれほど簡単なことなのか 105

就職格差の実態(105)／高校生の就職難(106)／フツーの働き方
(107)

第3節 ワークとライフの融合って何だろう 109

ワーク・ライフ・バランスとキャリア形成(109)／ライスワークと
ライフワーク(110)

第4節 人間関係に関する労働者側×使用者側のホンネ対談 112

第6章 とことん甘えてよい自分×どんどん使ってよい支援 ･･････････116

第1節 組織の中で自分はどのように振舞えばよいのか 116

組織の一員としての自分(116)／人間力と行動力(118)／予見・予
知能力(119)／労働争議モデル(120)

第2節 労働者の権利保護は自らで行うべきものなのか 122

知識習得とソーシャルスキル(122)／権利行使のための基盤(124)

第3節 いつ何時・誰に相談すればよいのか 125

集団的解決の大切さ(125)／新たな紛争解決手段(130)／権利行使
の困難性(133)

第4節 団体交渉に関する労働者側×使用者側のホンネ対談 134

終 章 自分軸(縦串)と社会軸(横串)をクロスさせた
実践的キャリアデザイン･･･････････････････････････137

目 次 v

巻末資料

内定者講習用ガイド　　151

とりあえず知っておくべき！　労働法制の基礎知識　　156

各種の相談先／支援窓口一覧　　162

＊

参考文献一覧　　171

あとがき　　175

索　引　177

ブラック企業に負けないリーガル・リテラシー
──労働法と学ぶ「自覚」のキャリア論──

序章 キャリア教育（自分軸）× 労働法教育（社会軸）の重要性

▶問題の所在

　近年，ブラック企業[1]，ブラックバイト（学生であることを尊重しないアルバイト），自爆営業，就活うつ，オワハラ（就活終われハラスメント），学卒無業等の若年労働市場をめぐる動向への社会的関心が高まっています。

　その背景として，自分が思い描いてきた理想とかけ離れた現実社会の中に知らず知らずのうちに身を置くことになるかもしれないという危機感が広がっていることが考えられます。学生時代に乗り越えてきた厳しい就職戦線での経験をもってしても，5年先，10年先すら見通せない人生コースに対する不安は尽きないかもしれません。就職内定・就職内々定とは[2]"働く"ステージに立つことを認めるものであり，必ずしも"働き続けられる"ことを保障するものではないからです。ここに，従来のキャリア教育の限界が存在するわけですが，まず2点に絞って指摘しておきましょう。

　1999年の中央教育審議会答申の「初等中等教育と高等教育との接続の改善について」でキャリア教育が初めて登場して以来，教育界のみならず産業界や保護者もさまざまな取り組みを試みました。小中学校の時に「将来なりたいもの」「その夢の実現に向けて何をすればよいのだろう」と考えてきた児童や生徒が高校入学時には点数学力で輪切りにされ階層化されます。その結果，これまでのキャリア教育による積み重ねがいったん途切れることになります。この傾向は進学校ほど顕著といわれます。つまり，「何になりたいか」ではなく

---

1) 長時間残業や賃金不払い残業が恒常化している企業。システムエンジニア業界で生まれた言葉であり，新興企業や中小企業の問題，あるいは若者を使い捨てることが問題であるとされる。
2) 入社を約束するものであり，内定通知により労働契約は成立と見なされる。採用内定は始期付解約権留保付労働契約ともいう。

「自分の能力や家計の経済力に照らし合わせて現実的な選択肢はこのあたりだ」という過去からの積み上げを遮る（あきらめさせる教育）という指摘すらありました。厳しい雇用情勢が続く中で，高等教育機関におけるキャリア教育は「努力不足」「自己責任」という閉塞感をもたらしたといわれています。

　一方，文部科学省が2011年に大学設置基準として社会的・職業的自立に関する指導（キャリアガイダンス）の実施を定めて以降，日本の各大学でキャリア教育は積極的に展開されてきました。例えば，ゆとり世代（1987年4月2日生まれ〜2004年4月1日生まれ）の読者の皆さんであれば，学校教育の中で「過去の振り返り」→「現在の見つめ直し」→「将来の思い描き」という形で自分軸（縦断的な視点）に偏重したキャリア教育（総合学習の時間）を受講した経験があると思います。つまり，会社の採用人事側から求められる人材の育成（いわゆる，出口指導）中心の教育です。

　しかし，残念なことに，そうした教育では個人を取り巻く社会を見つめる視点の指導が十分行き届いていませんでした（**図表序-1**）。例えば，自分の思い通りに立ち行かない場合や厳しい社会に適応できない時であっても何とか生きていけるということを念頭に置いた教育ではありませんでした。その結果として，とりあえず就職内定した学生を無防備なまま社会に輩出し続けてきたという過去の反省があります。自分軸の考え方を多方面から客観的に確かめるための社会軸（横断的な視点）を通じた教育機会が十分に与えられないまま，漠然とした不安要素を抱え込む若者が数多く存在するのにはきちんとした理由があるのです。長い職業キャリアの中では転社や転職が起こりえます。結果的に収入が途切れずに待遇が向上する安定的な働き方を支援することで，企業から見た雇用の柔軟性と労働者から見た生活の安定が両立するような雇用ルールが重要になるのです。

　キャリア形成の基本的な考え方として，"過去の自分を通して将来を思い描く"というアプローチ方法があります。確かに，過去・現在・未来の時間軸からの物差しは生きていく上でも必要な視点です。しかし，一方向だけに執着してしまうと過去の経験や出来事に必要以上に縛られてしまい，人生を自由自在に生きられなくなるというリスクを伴うことになります。また，過去から変わ

図表序-1 従来のキャリア教育と"今後の"キャリア教育

	従来のキャリア教育	不足していた視点/内容	今後のキャリア教育
視 点	自分軸(縦串, 縦断的視点)	社会軸(横串, 横断的視点)	両軸(縦串＋横串, 縦断的視点＋横断的視点)
内 容	自分史 自己分析(自分探し), 将来設計(自己実現)	実践的な知識(社会性 問題解決能力, 規範意識)	個人の自覚的なキャリア形成を念頭に置いた教育

(出所) 筆者作成。

らない自分(同一自己)を想定したとしても外部環境(与件)は常に一定ではありませんし,むしろ受ける影響による変化は予測不能な部分が大きいといえます。例えば,自分が同じ発言や行動をした場合でも相手や環境の違いによって反応や周囲の状況が必ずしも同じにはならないことからも理解できます。つまり,単一的な物の見方ほど脆く危ういものといえます。これが第1の限界です。実際に,自分の将来に特別な希望や理想を抱くこともなく,何気なく期待と不安を交錯させながら社会進出という荒波への船出を待っている読者(就職内定者)の方が多いのではないでしょうか。日本では,若い世代を中心に将来に希望を持てない人々が確実に増えています(希望の社会科学)[3]。

　一方で,そうしたリスクや不安は自分を取り巻く社会を見つめる視点を備えることで緩和することが可能です。それは,皆さんがこれまでの人生で培ってきた過去・現在・未来という縦軸の視点に「社会の一員としての自分」という横軸の視点を導入する方法です(**図表序-2**)。労働社会のフレームワークを理解し,働くことの仕組みを知ることは自分の職業キャリアを現実的に考える上での大きな助けになるからです。

　次に,文部科学省が主導してきたキャリア教育は,若者の勤労観や職業観の育成を求めて正社員になるための進路指導や職場体験活動の一環として行われきました。2011年の中央教育審議会『今後の学校におけるキャリア教育・職

---

3) 東京大学社会科学研究所「働き方とライフスタイルの変化に関する全国調査」(2007年)は,20～39歳を対象に毎年継続的に行われており,世界的に見ても日本人は希望を持ちにくいとしている。

図表序-2　キャリア教育と労働法教育のクロス図(イメージ)

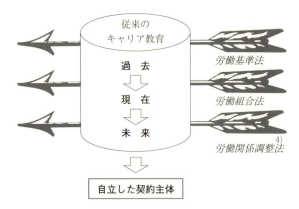

(注)　1："自立した契約主体"とは「労働法の知識の修得にとどまらず適切な行動に結びつけることができる実践的な能力を身につけた個人」を指す。
　　　2：労働法教育を示す矢(横串)は上記の労働三法に限らない。
(出所)　筆者作成による。

業教育の在り方について(答申)』では個人の社会的・職業的自立に向けた能力や態度の形成に焦点化されており、結局のところ、自己責任の問題に帰するという構図になっています。個人のキャリア発達が中心となっているため自己完結型・単線型な教育に偏るのです。文字通り、自立(＝自らの力で立つこと)を大前提にするのであれば、知識や意欲・態度を植えつける教育に偏重し、支援部分の指導が後手に回され手薄になりがちです。

　賃金闘争のような労働組合と会社や個人事業主(以下、使用者)との間で生じた労働トラブルを集団的労働紛争、個々の労働者と使用者の間で生じた労働トラブルを個別的労働紛争といいますが(**図表序-3**)、実際に後者が急激に増加しています。

　近年では、個別企業ごとに戦略は大きく異なり、同一産業や同一業種内でも優勝劣敗が分かれるため、従来のような画一的な交渉が難しくなっています。にもかかわらず、支援部分の充実が先送り構造になるのは通常、具体的な支援

---

4) 労働組合法と相まって、労働関係の公正な調整、労働争議を予防・解決し、産業の平和を維持して経済興隆を図ることを目的とした法律。

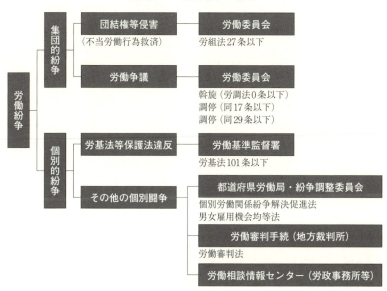

図表序-3　労働紛争の種類

は紛争発生後（就業後）に必要になるとの考え方が根強いからです（**図表序-4**）。

　残念なことに、従来型の正社員モデルを前提とした教育の中では、必要に応じて労働問題に関する支援機関や地域とつながるための指導が十分になされてきませんでした[5]。教育機関側にとって正社員を世に輩出することこそが結果として求められてきたからです。むしろ、労働者の権利を主張することが就職活動に不利に働くという側面が強調されることすらありました。そうした背後には、日本の労働社会では、新卒正社員就職のルートからいったん外れることがその後の人生において大きなハンディを強いられる傾向（世代効果）が認められています。結果として、不本意就職者や非正規労働者および早期離職者などの不安定層が直面しがちな労働問題に対処するための術をほとんど与えてこなかったという実情があります。このことは、**図表序-5**で端的に示されています。同図表は社会人950人を対象に、労働関係法制度に関する7項目の質問（「団結

5）　総合労働相談コーナー（**図表6-3**および巻末資料を参照）。

図表序-4 労働紛争が起こる過程と労働法教育

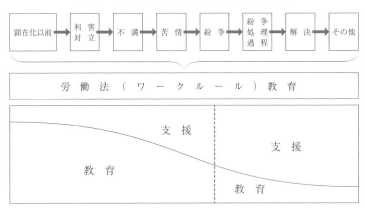

(出所) 淺野(2015b)。

図表序-5 労働関係法制度の理解度(社会人編)

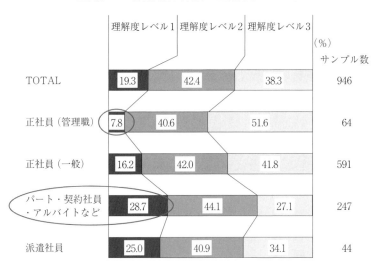

(注) 理解度レベルの高さは数字の大きさで表している。
(出所) 厚生労働省委託調査「労働関係法制度の知識の理解状況に関する調査」2009年。

権[6]」「最低賃金[7]」「残業割増[8]」「年次有給休暇の取得条件[9]」等）の正答状況により，3つ
の理解度レベルに分けたものです。就業形態別では「パート・契約社員・アル
バイトなど」において，最低レベルである理解度レベル1の割合が明らかに高
くなっています。現状では，労働相談の過半数は正規雇用者（非正規雇用者は労
働者全体の約4割）が占めますが，女性の社会参加のためにも，女性パートタイ
マーや派遣社員等に対する相談－支援環境を整備する方向性が望ましいといえ
ます。

　長い人生の中では，セレンディピティ[10]により予期せぬ偶然と出会い，人生の
大きな変換（トランジション）を迎える場合もありますが，それはむしろ非日常
です。人生の大部分が何の変哲もない日常の日々であり，毎日を安心して暮ら
せることこそが生活の基本になります。学校から職業への移行期や中年期に差
しかかる過渡期では思いがけず失敗をし，苦境に立たされることもしばしばで
す。にもかかわらず，思い通りに行かない場合の知恵（"もしもの備え"）や具体
的な交渉技術[11]についてキャリア教育現場で教示されることはあまりありません
でした。理由として，多様な労働紛争が増加し，労働法自体の複雑化から体系
的な教育が難しくなっている面もあります。これが第2の限界といえます。こ
の点は第1の限界で見られた縦軸の視点が単調であったことに起因します。

▶労働法を念頭に置いたキャリア形成

　通常，キャリア教育現場では自由と自己責任はセットでよく用いられます。
しかし，自分のキャリアを自由に決めることの代償として自己責任を個人に背

6）　日本国憲法28条に定められる3つの労働基本権の1つ。その他，団体交渉権，団体行動権
　（争議権）がある。

7）　最低賃金法に基づき国が定めている賃金の最低額のこと。地域別最低賃金（毎年10月に改
　定）と特定（産業別）最低賃金がある。

8）　時間外労働と深夜労働の割増率は2割5分以上，休日労働の割増率は3割5分以上である。

9）　雇い入れから6カ月継続勤務していて，全労働日の8割以上出勤した労働者には少なくとも
　10日間付与される。

10）　思いがけないものを発見する能力のこと。

11）　①労働基準監督署に匿名で企業の法律違反を告発する（申告制度），②都道府県労働局であ
　っせん制度を利用する，③弁護士に相談する，④労働組合に加入して団体交渉を行う。

12）　労働法に準ずるものとして，施行令，通達，判例がある。

負わせるような指導は決して誠実な教育とはいえません。"自立"によく似た言葉で"自覚"があります。辞書には仏教用語として「自ら迷いを断って悟りを開く」とありますが，キャリア教育は自立を促す教育ではなく自覚的なキャリアの形成を支援するものであると筆者は考えます。自立と自覚は次元が異なり，自らの力で立つための前段階にあるものが自覚だと思います。「自分の人生は自分で決められる（自由に決めてよい）」という澄んだ心が自覚の根幹部分であるとすれば，そうした意識が根底になければ自らキャリアを形成しようという発想には至らないからです。

　一方で，その自覚は身近なチャネルとして自分を取り巻く環境や社会とつながることでより現実的なものになります。さまざまな社会資源やネットワークを活用する術を身につけながら，継続的に働き続けられる環境を整えておくことは，将来を見越して職業キャリアのスタートラインに立つことに他なりません。米国の心理学者のE. H. Schein (1978) はキャリア・アンカーが人生の岐路[13]では鍵になると提唱していますが，分岐点において適切に行動するためには，自らの職業キャリアを通じた知識や能力を正しく活用するための基軸が必要になります。つまり，実際に社会で生き生きと働くためには自分らしさの追求や自己実現のためだけではなく，お互いに支え合う場所（職場）でいかにして自分らしさを発揮することができるのかという「他者を通じて自分を顧みる視点」が不可欠になります。以下の公式は，自覚的にキャリアを形成するための条件を式で表現したものです。自分軸と社会軸が積の形になっているのは両視点が∧（かつ）の関係にあることを表します。つまり，どちらか片方の視点が欠ける場合でも自覚的なキャリア形成は難しくなることを意味しています。

<公式>　│ 自覚的キャリア形成のための必要十分条件 │

《自分軸》　　　　　　　　　　　《社会軸》

│ 自ら自由に決める生き方 ≒ 他人に依存しすぎない │ × │ 必要に応じた支援・援助 ≠ 自己責任，自助努力 │

---

13) キャリア発達の中で方向づけられる「心の拠り所（他人に譲れないもの，犠牲にしたくないもの）」のこと。

図表序-6　普通職業教育の概念図

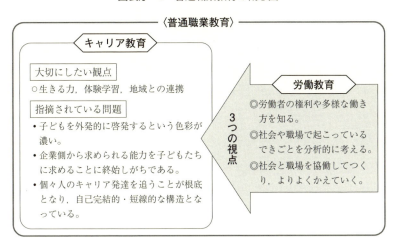

（出所）　成田（2011）。

　前述の世代効果のような不条理にもかかわらず，複雑な家庭環境や人間関係を乗り越え，社会に適応する層が若者の間で確認されています。「困難な状況にもかかわらず上手く適応できる力」のことを指すレジリエンスが最近の心理学研究で注目を集めています[14]。レジリエンスがあまりにも強調されすぎると，自分軸に傾倒してしまう結果，自己責任に転嫁する方向に力が強く働いてしまいます。

　「自らの人生を自由に決められる」という自己裁量と「必要に応じた支援や援助の享受」という労働者の権利行使を併せ持つ生き方を目指すことが，とりわけとりあえず就業者（とりあえず内定者）にとって人生を全うするための処世術であるといえます。昨今，普通職業教育[15]として従来のキャリア教育になかった労働教育が一部の高等学校で実践されています（**図表序-6**）。その背景として，

---

14)　①「本来の自分（I am）を知る力」，②「自分独りではない・他者との信頼関係（I have）を構築する力」，③「さまざまな問題や苦難を乗り越える（I can）の力」，④「自分で立てた目標に向かって邁進する（I will）の力」。

15)　社会の一員として生活するために必要な基礎的な知識や技能を授ける教育のことであり，専門職業教育（商業・工業・農業）と対で用いられる。

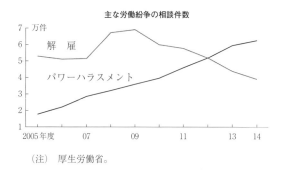

図表序-7 労働紛争の件数

（注）厚生労働省。

　将来の生産年齢人口の減少や労働力不足を見据えて，労働者がより貢献度の高い産業に移るような職業教育とマッチング支援が重要になると考えられています。職業を人間の有り方・生き方に関わるものとして捉え，共通の学びとして，生徒全員が社会に出る前に学ぶべきものという位置づけになっています。

▶キャリア形成を念頭に置いた労働法教育

　存亡の危機を迎える企業において，労務管理の個別化や孤立化が進行する職場内では自主解決・自助努力が強く要請される傾向が強まっています。例えば，**図表序-7**は2005年度からの10年間の労働紛争件数の推移を示したものです。厚生労働省は労働トラブルを裁判に持ち込まない個別労働紛争解決制度（ADR）[16]の利用状況を調べ，パワーハラスメント（パワハラ）の件数が過去最多と報告しています。パワハラの具体例としては，ミスするたびに上司が怒鳴ることを会社の人事課に相談したところ上司から仕事を与えられなくなったり，上司から日常的に「バカ」「おまえ」呼ばわりされ，精神的苦痛から退職に追い込まれる事態も起こっています。パワハラにセクハラ（セクシャルハラスメント；性的嫌がらせ）およびマタハラ（マタニティーハラスメント；妊産婦に対する嫌がらせ）を加えた3つは職場における3大ハラスメントと呼ばれ[17]，実際の就業現場

---

[16] 訴訟手続によらない裁判以外の紛争解決手段の1つ（2001年10月より開始）。申告手続の簡便性・迅速性・非公開性などのメリットも多い。

図表序-8　日本のジェンダーギャップ指数

2015年データ（2015.11.18発表）
世界ランク　101位／145カ国

分野	2015年 指数	2015年 順位	2014年 指数	2014年 順位	2013年 指数	2013年 順位
政治	0.103	104位↑	0.058	129位	0.060	118位
経済	0.611	106位↓	0.618	102位	0.584	104位
教育	0.988	84位↑	0.978	93位	0.976	91位
健康	0.979	42位↓	0.979	37位	0.979	34位
総合	**0.670**	**101位**↑	0.658	104位	0.650	105位

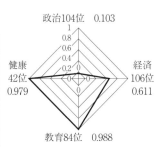

ではハラスメント問題は増加しています。男性上司の女性の部下に対する「結婚してまで働くのはみっともない」という（ひと昔前まで珍しくなかった）考え方はまったく通用しない時代です。**図表序-8**の男性と女性の格差を表すジェンダーギャップ指数で日本は0.670（2015年）となっており，政治・経済・教育・健康の各分野を総合して，日本女性は男性が手にしているものの68.5%しか得ていないことになります（ちなみに，世界1位のアイスランドは85.9％）。日本の男女平等は過去3年間，100番台に甘んじていますが，特に政治や経済の分野で世界標準より大きく遅れていることが分かります。

モラハラ（モラルハラスメント：言葉や言動による精神的虐待），エイハラ（エイジハラスメント：年齢による嫌がらせ），アルハラ（アルコールハラスメント：お酒の一気呑みの強要），スモハラ（スモークハラスメント）等，顕在化している例は枚挙に暇がありません。相手の嫌がることがハラスメント行為につながるわけですから，加害者側にならないよう職務上の立場にかかわらず常にビジネスマナーやモラルを肝に銘じておく必要があります。

加えて，ハラスメント問題は件数の増加だけにとどまらず，法令の守備範囲

---

17) 相手に対して意図的に不快にさせることや実質的な損害を与えるなど強く嫌がられる，モラルのない行為の一般的総称。幸福追求権を阻害したなどの理由によって人権問題に発展する事例も存在する。
18) 毎年世界経済フォーラム（WEF）が公表している各国の社会進出における男女格差を示す指標である。経済活動や政治への参画度，教育水準，出生率や健康寿命などから算出される。
19) 挨拶，言葉遣い，身だしなみを含む「他人を不快にさせない心配り」のこと。

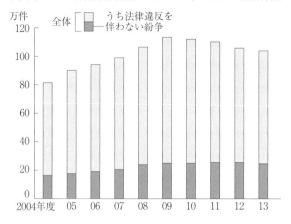

図表序－9　総合労働相談コーナーに寄せられた相談件数

（出所）厚生労働省。

という観点からも複雑多様化しています。**図表序－9**は各都道府県の労働相談窓口である総合労働相談コーナー（巻末資料を参照）に寄せられた相談件数を示したものですが、2013年度は100万件超で高止まりしています。

　内訳では、法律違反を伴わない紛争の割合が堅調な増加傾向にあることが確認できます（2013年度は20％）。現行法においてはグレーゾーンの問題が増えている背景には、個別労働紛争の複雑化や就業形態の多様化があると考えられます。非正規割合が増加する状況下において、労働者の権利教育はさらに重要度を増しているのです。[20]

　しかも、非正規雇用増加の問題は性別・婚姻状況別で捉え直すことで深刻さが確認できます（**図表序－10**）。1990年代初頭のバブル経済崩壊後、就職氷河期の到来により若年層で非正規割合が増加し社会問題となりました。当時の35～44歳層の非正規労働者は既婚女性である主婦パートタイマーが主でした。それから「失われた20年」を経た2014年時点での非正規労働者の雇用労働者

---

[20]　労働政策研究・研修機構（JILPT）の2003年調査によれば、労働組合がある企業での勤務者が組合のない企業の勤務者と比べて、権利をよりよく理解しているわけではないことも明らかにされており、現状では労働組合が権利教育に成功していない可能性が高いとされている。

14　　序章　キャリア教育（自分軸）×労働法教育（社会軸）の重要性

図表序 −10　日本の非正規雇用者比率の推移（15〜24歳，25〜34歳）

女性 25 〜 34
女性 15 〜 24
男性 15 〜 24
男性 25 〜 34

（出所）　厚生労働省（2015）。

図表序 −11　男女別・婚姻状態別に見た壮年非正規雇用者数・割合の推移（万人，％）

		2002年	2003年	2004年	2005年	2006年	2007年	2008年	2009年	2010年	2012年	2013年	2014年
35〜44歳の男性	(A)就業者	744	757	767	778	797	816	834	835	843	870	862	856
	(B)雇用労働者	624	638	650	656	675	699	713	718	728	753	747	740
	(C)非正規雇用労働者	35	35	43	45	49	53	58	53	57	61	68	71
	(C)/(A)×100	4.7	4.6	5.6	5.8	6.1	6.5	7.0	6.3	6.8	7.0	7.9	8.3
	(C)/(B)×100	5.6	5.5	6.6	6.9	7.3	7.6	8.1	7.4	7.8	8.1	9.1	9.6
35〜44歳の未婚女性（2013年以降は無配偶女性）	(A)就業者	71	78	82	93	97	112	112	121	123	134	203	194
	(B)雇用労働者	66	72	75	86	91	105	105	113	116	127	191	182
	(C)非正規雇用労働者	16	20	24	24	28	34	34	37	38	43	77	78
	(C)/(A)×100	22.5	25.6	29.3	25.8	28.9	30.4	30.4	30.6	30.9	32.1	37.9	40.2
	(C)/(B)×100	24.2	27.8	32.0	27.9	30.8	32.4	32.4	32.7	32.8	33.9	40.3	42.9

（注）　1：女性については，2012年までは「未婚女性」，2013年以降は「無配偶女性」である。
　　　　2：在学中の者は除いている。
（出所）　総務省「労働力調査（詳細集計）」。

に占める割合（**図表序−11**中の (C)／(B) ×100）は，35〜44歳の男性で5.6％（2002年）から9.6％（2014年），35〜44歳未婚女性で24.2％（2002年）から42.9％（2014年）と増加傾向にあります。つまり，この10年間で非正規雇用者の過半数は主たる稼ぎ手である中年男性や未婚女性のような家計の補助的業務では済まされない層にシフトしたのです。さらに，女性に限れば，パートタイム労働者[21]の賃金はフルタイム労働者[22]の7割（66％）という統計があります。

序章　キャリア教育（自分軸）×労働法教育（社会軸）の重要性　　15

図表序-12 正規雇用者と非正規雇用者の収入格差

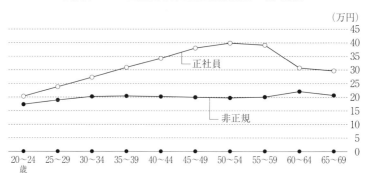

(出所) 厚生労働省「賃金構造基本統計調査」2015年。

　派遣労働に限らず有期雇用であれば，賃金は法律の許す範囲で当事者が自由に設定できます。法的に手厚く守られるべき対象の非正規労働者や女性の中でも，24歳以下の男女である学生アルバイト層（「自分の都合の良い時間に働きたいから」）と25〜54歳の男性である中年フリーター層（「正規の職員・従業員の仕事がないから」）では非正規雇用（パートアルバイト，派遣社員）を選択する主な理由が大きく異なり，加齢に伴い労働者の権利意識が強まる傾向がうかがえます。裏を返せば，若年時代には希薄になりがちな自主防衛の意識を早期から身につけておくことが将来のリスク低減にとって有効であるといえます。

　近年，正社員並みにフルタイムで働いてもギリギリの生活さえ維持が困難なワーキングプア（働く貧困層）が注目を集めていますが，非正規の問題ともいえます。非正規雇用者の平均月収は約20万円であり勤続年数とともに上昇することはほとんど見込めず，正規雇用のような定期的な昇給も期待できないのが実情です。また，企業内職場訓練が主流の日本の企業社会においては，非正規

---

21) 1週間の所定労働時間が同一の事業所に雇用される通常の労働者（正社員）に比べて短い労働者のことであり，パートタイム労働法の対象となる。Cf.パートタイマー，アルバイト，嘱託，派遣社員，契約社員，臨時社員，準社員。
22) 正規雇用者（正社員・正職員・常勤職員）のことを指す。フルタイムとは「事業所の所定労働時間を通じて勤務する労働形態」であるため社員と同じ時間を働いていれば時間給であったとしても該当する。

16　序章　キャリア教育（自分軸）×労働法教育（社会軸）の重要性

は訓練機会にもなかなか恵まれません。責任のある業務内容を任されることも少なく，技能レベルが上達しないため，正社員との格差が問題視されています。

図表序-12より，就職氷河期世代である40〜44歳層あたりから急激に格差が拡大する様子が認められます。正規も非正規もモノ扱いになればますます格差が拡大し貧困が固定化します。賃金は経済的自立にとって最重要なものです。[23] ILO憲章（国際労働機関）が定める基本的人権の観点からも，同質の労働に対する性別や雇用形態別の大きな賃金格差には問題があります[24]（同一労働同一賃金の原則[25]）。正規雇用を望む非正規労働者にとって希望するタイミングで転職可能性が高まることは望ましいことです。また，ライフイベント（結婚・出産/育児）を経験した女性であっても，納得して就業継続できるようなファミリーフレンドリー企業[26]を増やす方策も有効です（ポジティブ・アクション[27]）。ただし，育児休業や短時間勤務などのファミフレ政策は女性の就労に正負両面の影響が認められています。例えば，ファミフレ政策が充実する欧州では女性の労働力率が伸びる一方，女性管理職比率はファミフレ政策に力を入れていない米国を下回っています。ただし，新卒女性の4割が非正規雇用である日本の現状においては，非正規労働者に対する出産の保護は出生率回復の鍵になります。要するに，非正規から正規への移行促進のための政策的検討に加えて，非正規雇用の待遇改善などの政策的保護が必要なことは明らかです。2014年4月より，正社員と同じ仕事をするパートタイム労働者に対し，賃金や福利厚生などの待遇で正社員と差をつけることを禁止する改正パートタイム労働法が施行されています。改正後は一定の条件を満たす無期雇用者だけでなく，有期雇用者に対しても差別的な取り扱いが禁止になります。また，育児休業復帰者が十分な生産性を発揮

---

23) 労務の提供に対する対価のこと。①通貨で②直接労働者に③全額を④毎月1回以上，一定期日に給料（賃金）を支払うという4つのルールを「賃金支払いの4原則」という。

24) 人間が人間である以上，人間として当然持っている基本的な権利のこと。日本国憲法は，思想・表現の自由などの自由権や生存権などの社会権や参政権を保障している。

25) 性別や雇用形態に関係なく，同一の仕事（職種）に従事する労働者は同一水準の賃金が支払われるべきであるという概念である。

26) 男女ともに仕事と家庭の両立ができるさまざまな制度と職場環境を持つ企業のこと。略称はファミフレ企業。

27) 男女差別の是正に向けた企業による自主的な取り組み。日本における女性の参画は徐々に増加しているものの，他の先進諸国と比べて低い水準であり，その差は拡大している。

序章　キャリア教育（自分軸）×労働法教育（社会軸）の重要性　　17

しないと企業側が判断するならば，企業は育児休業の権利を持たない非正規雇用の採用を一層拡大していくことも考えられます。

1999年に国際労働機関が21世紀のILO目標に掲げたディーセントワークは[28]，権利が保護されることで十分な収入を生み，適切な社会的保護を供与される生産的な仕事を目指しています。通常，労働法がしっかりと守られている状況下では労働に対するインセンティブは高まります。個々の労働者は安心して自己キャリアを思い描き，自分の人生をより充実したものにするためにも労働者の権利に関する知識を身につけておくことが何より求められます。そのことが自主防衛や紛争予防にも有用といえます。

本書で最重点を置く自分軸と社会軸を交差する考え方は，学校・家庭・社会のあらゆる場面で実践することができます。端的にいえば，**図表序-13**で示される3ステップになります。つまり，現行のキャリア教育で実施されている体験学習や地域連携や感性教育に加えて，①実社会の現状を知る視点，②実社会で起きていることを自分なりの観点で分析的に考える視点，③実社会でさまざまな人たちとつながって協働する視点，を育むことです。

また，本書の章立ては上記3つの視点にならい，第1・2章が「知る」の巻，第3・4章が「考える」の巻，第5・6章が「つながる」の巻となっています。各章の第4節には学生（労働者側）と人事担当者（使用者側）の実際の証言に基づいた「ホンネ対談」を掲載しています。章まとめとして，自己との対話やグループワークでのディスカッションの素材として役立てることで，社会で使える生きた知識を育んでほしいと思います。

---

28) 「働きがいのある人間らしい仕事」のこと。①雇用促進，②社会的保護，③社会対話（政労使の三者が経済や社会政策について協議すること），④労働に対する権利の主張，の4つを掲げる。

18　序章　キャリア教育（自分軸）×労働法教育（社会軸）の重要性

図表序-13 労働法教育を取り入れるための3つの提言

提言1　知る
　　　　　　　労働者の権利や多様な働き方を知る。

- 労働基準法などの働くルールや労働者の権利，その行使のしかたについて知る。
- 憲法で保障された労働組合をつくる権利，加入する権利（団結権）を知る。
- さまざまな職業（仕事）や多様な働き方，職場の実態を知る。

提言2　考える
　　　　　社会や職場で起こっているできごとを分析的に考える。

- 単に知識を覚えるのではなく，なぜそうなるのか，どうしたらいいのか考える。
- メディアに流されていることを主体的に読み解いて必要な情報を引き出し，その真偽を見抜き活用する。
- 自分自身の働き方について考える。
- 法律や制度に問題があるときはどう改善したらいいか考える。

提言3　つながって行動する
　　障がいのある人，日本語を母語としない人，高齢な人，社会と職場はさまざまな立場の人がつくっている。社会と職場を協働してつくり，よりよくかえていく力を身につける。

- 困ったときに相談したり，助け合ったりする。
- 児童会・生徒会やHRで自分たちの身の回りの事柄をみんなで話し合いながら解決を図っていく。
- 行政，NPO，労働組合，企業，ボランティアなど，さまざまな関係性をつくり，社会に働きかける。

（出所）『日教組教育新聞』2011年3月8日付号外。

第1章　意外と知らない自分×知られていない働く基本

第1節　「いつでも・どこでも・何度でも」という基本姿勢

◆キャリアをデザインすることの意義はどのようなものであるか。
◇働く目的とは何か。

▶人生80年の時間

　人生80年から90年の時代に突入したといわれる現代社会では，学校・家庭・職場・地域などのあらゆる場面がキャリア・ステージといえます。例えば，80年の人生を考えると，生まれてから社会に出るまでの時間は約20年，社会に出て働く時間は約40年，残りの老後が約20年です。つまり，社会に出て働く期間は一生の半分くらいを占めることになります。その期間のうちに，結婚・出産・育児・介護等のライフイベントを迎えることになります。

　ここでは，単位を年ではなく「時間」で考えると，生涯生活時間は約70万時間（＝24時間×365日×80年）という計算になります。しかし，人が生き続けるために毎日10時間（＝食事1時間＋睡眠8時間＋入浴0.5時間＋排泄0.5時間）の「生活必需時間」を要すると考えると，70万時間のうちの約30万時間（＝10時間×365日×80年）は自動的に差し引いて考えなければなりません。さらに，成人を迎えている人の場合，すでに約10万時間（＝14時間×365日×20年）の「生育時間」を消化していることになりますから，20歳過ぎの人でさえ自由裁量でコントロールできる残り時間は全体の4割程度（30万時間）にすぎません。興味深いことに，この残り30万時間は「労働時間」[1]「在職中の自由時間」「退職後の自由時間」との間で10万時間ずつに等分される計算になります。

特に，若年層の方が年配者よりも実現見通しのある希望を抱きやすい傾向にあるという前提に立てば，将来の希望職業進路をより早く明確に示せることを良かれとする風潮は危険性をはらんでいます。「人生＝職業キャリア」という“働くこと中心”の考え方では裁量部分の3分の1程度を捉えたことにしかならないからです。時間解釈論の考え方によれば，未来志向が強い人の思い描きでは遠い未来の本質的・抽象的事象を重んじることが多く，現在志向の人は付随的・具体的事象を重視する傾向が見られます。価値観の違いですからどちらが正解ということはありません。日本経済団体連合会（経団連）の倫理憲章が改定²⁾されたり，就職することが簡単ではない時代において，就活生の多くにとってとりあえず内定³⁾が第1目標になっています。企業側の内定出し時期が過ぎても未内定の状態が続く場合，就活生の中で現在志向が強まることになります。その結果として，不本意就業者や非正規雇用（フリーターやパートタイマー）が生まれます。

　しかし，正規雇用（正社員）が正しい働き方をする社員であり，非正規の働き方は正しくないとは断じていえません。正社員においても「いつでも・どこでも・何度でも」という重い負担がかかる働き方を強いられるリスクが大いにあります。まず，パートアルバイトと異なり，正社員は「いつでも」長時間労働⁴⁾（残業）や休日労働が当然視されることが多く，過労死や精神疾患にかかるリスク⁵⁾が高まります。また，転勤や配転（出向・転籍）⁶⁾により「どこでも」働くことを求められることが多いため，職場不適応や単身赴任による一家離散などのリスクも考えられます。さらに，非正規雇用よりも業務範囲や責任の範囲が断然

---

1)　1日8時間，1週間40時間が原則である。労使協定（サブロク協定）を結ぶことで時間外労働や休日労働が例外的に認められている。

2)　就職協定に代わるものとして，経団連が中心になって定めた新規学卒者の採用・選考に関するガイドラインのこと。

3)　中嶌（2013）では，「とりあえず」に基づく行動特性が将来ビジョンを鮮明にする点を実証している。

4)　フルタイムの男性雇用者のうち平日に10時間以上働く人は4割を超えるという統計がある。

5)　労働災害認定で労働と過労死の因果関係において過労死ライン基準は，1カ月あたりおおむね80時間を超える時間外労働（1日8時間勤務で1カ月の労働日を20日とすると，1日4時間の時間外労働をして，1日12時間勤務が続く状態）である。

6)　元の使用者との労働契約がそのまま継続されるものが在籍出向であり，出向元との労働契約を終了し新たな会社と労働契約を結ぶものが転籍出向（移籍出向）である。

広く，「何度でも」新しいことにチャレンジすることを求められる立場にあります。確かにスキルや技能の幅を広げるためには有効ですが，比較的短いスパンでの異動や配転は専門性の向上（熟達）にとっては必ずしもプラスといえません。

他方，非正規雇用の場合，自分の都合に合わせて短時間勤務[7)]が可能であり長時間労働や残業が常態化することは少ないものの，「いつでも」雇用期間が切られるという雇い止め（雇用終了）[8)]のリスクを抱えます。近年，ブラックバイト[9)]ではサービス残業が横行している実態が明らかにされています。厚生労働省 (2015) の「大学生等に対するアルバイトに関する意識等調査」によれば，週1日3カ月以上のアルバイト経験のある18〜25歳の大学生，大学院生ら1000人（延べ1961件）のうち605人（計946件）が労働トラブルの経験があったと回答しています。

非正規雇用の場合は「どこでも」働かされるリスクは少ない分，仕事と家庭の両立[10)]や地理的条件を優先するには好都合な働き方といえます。しかし，非正規の職務はルーティーンワークがほとんどであり，基本的に限定的業務を「何度でも」繰り返すのみであるため，技能やスキルが育ちにくい側面があります。それどころか，非正規雇用でさえ本業（主たる人生役割）[11)]を無視した働き方を強いられるケースが後を絶ちません。厚生労働省調査 (2015年) では学生アルバイトにおいて「採用時に合意した仕事以外の仕事をさせられた (13.4%)」「学業に支障が出た経験がある (17.8%)」が確認されています。

非正規雇用に限らず正社員においても，社会人として働き続けることがいか

---

7) 短時間勤務制度とは1日の労働時間を原則6時間とする制度であり，3歳に満たない子どもを養育する労働者が申し出た場合，使用者側はこの制度の利用を認めなければなりません。

8) 使用者の一方的意思による「解雇」，自己都合による退職が「辞職」，労使合意の上で労働契約を解除することを「合意解約」という。

9) 賃金未払い残業は違法行為である。「採用時に合意した以上のシフトを入れられた (14.8%)」「一方的に急なシフト変更を命じられた (14.6%)」だけではなく，「一方的にシフトを削られた (11.8%)」という回答も珍しくない。懲罰刑や罰金刑の対象。

10) ワーク・ライフ・バランス (WLB) ともいう。単にワークとライフをバランスさせることを目指すものではなく，ワークとライフが互いに対立しないように個人の働き方（生き方）の選択を可能な限り認めることだとする考え方もある。

11) D. E. Superが提唱した人が人生において並行して果たすことになる複数の役割（学生・労働者・市民・余暇人・家庭人など）のこと。ライフロールともいう。

に大変なことであるかが理解できます。ここでの議論は，正社員と非正規雇用のどちらの働き方が望ましいかということではなく，個々の諸事情に応じた柔軟な働き方を自由に選択できる社会の実現が最も大切だということです。そのためにキャリアの棚卸しや将来の見立ては何歳であっても何度でも繰り返し行うことが求められます。生涯学習の時代においては，「いつでも・どこでも・何度でも」キャリアをデザインする方向性が望ましいのです。また，J. Krumboltzのプランド・ハプンスタンス（計画された偶発性）理論のように，良い偶然や好機を生かすためには完全に将来のキャリアをデザインしてしまわず，柔軟に対応すべきという考え方もあります。

▶働く目的

「働くこと」を考える時，労働の対価として賃金を受け取る有償労働（paid work）を思い浮かべがちですが，それは一部にすぎません。賃金の概念を外して「仕事をすること」と捉え直せば，家事・育児，介護・世話，社会的活動（ボランティア・献血）などの無償労働（unpaid work）[12]も紛れもなく労働です。こうした働き方の種類以上に重要となるのが「働く目的」です。では，何のために働くのか──。学生の皆さんなら就活を本格化させる際に必ず当たる壁です。在職者の方なら，今の職場に照らし合わせて自問自答してみましょう。

生活のために「働く」
人の役に立ちたいから「働く」
自分が自分でいられるために「働く」
自分の持ち味を社会で発揮するために「働く」
幸せな家庭を築き子供の成長を見守るために「働く」

当然，働く目的に対する正解はありません。労働者個人の問題だからです。けれども，「何のために」ではなく「誰のために働くのか」と角度を変えると，

---

12) かつて経済企画庁は専業主婦の家事労働に対する年間評価額を約276万円と試算した。例えば，「収入を伴わない仕事」である家事は不当に搾取された「不払い労働」を意味するという立場もある（家事の無償労働論）。

正答を得ることができます。それは，お客様（学校教育現場であれば，学生や生徒）です。筆者自身，初職（学校関係）の新入社員研修（新人研修）で「業績・売上の上昇はお客様（学生）からの"ありがとう（感謝）"の通信簿」と教わりましたが，10年以上経った今でもそうした基本は働くことの根底にあり，心の拠り所（キャリア・アンカー）として働く中で想起することがたびたびあります。ですから，社内教育（教育訓練）[13]制度は面倒がらずにチャンスがあるなら積極的に活用するべきものだと思います。

▶目に見えない価値

今や学生のほぼ100％が携帯電話（スマホ）などのSNS（ソーシャル・ネットワーキング・サービス）を利用する時代です。確実に，ありとあらゆる情報が以前より簡単に手に入るようになりました。しかし，情報過多の状況は利用者に情報データの本質や深層心理を読み解く力を求めているともいえます。例えば，大学の学生食堂（学食）では栄養管理士の指導の下，並べられている惣菜のチョイスメニューは栄養満点のものが多く，学生は好みのものを選んで自分だけの定食が作れます。実際のところ，唐揚げや肉を使ったメニューはすぐに売り切れになる一方，野菜中心のメニューは滞りロスが発生することもしばしばです。このような場合，どんな解決策が考えられるでしょうか。売れ筋メニューを中心に揃えるのも一案ですが，対症療法的な方法では十分ではありません。それでは，ヘルシー志向の女子学生の要望に応えられないからです。例えば，売れ残りがちな惣菜を組み合わせた「おふくろ定食」「わが家の味弁当」としてお得感を出す方法も考えられます。一人暮らしをしている学生が恋しくなるような懐かしい味というだけでなく，"体を労わったメニュー"として，「自分の好きなものだけじゃなく体のことを考えてバランスの取れた食事をしなさい」という目に見えない愛情がメッセージとして込められているのです。しかし，同じメニューでもストレートに「野菜たっぷり定食」とするだけでは売上

---

13) 企業内研修，社員教育，社員研修，社員教習と呼称はさまざまであり，実施方法もSD（セルフディベロップメント＝自己啓発），OJT（仕事上指導），Off-JT（職場外訓練）と多岐にわたる。

につながる保証はありません。目の前の事象を冷静に判断しながら，深層心理を汲み取ることで根治療法的な対処になっていくのです。

　男女格差を説明する有名な理論としてフェルプス (1972) の統計的差別という考え方があります。日本の企業社会では，男女間の平均勤続年数に常に5年程度の開きがあるという統計的事実から，女性の結婚や出産・育児による高い離職率はコストになるという企業判断がなされます。結果として，教育訓練機会に恵まれるのは男性であり，生産性の差，ひいては賃金や昇進・昇格の差を生むというロジックになります。近年，確かに女性管理職を目指す人やキャリア・ウーマンが増加傾向にありますが，実際の見極めを企業側が行うことは至難の業です。ゆえに，グループ統計での平均値で評価・処遇をせざるをえないという背景事情があるのです。

　こうした情報の非対称性に基づく問題は，企業の採用活動の場面でも頻繁に起こります。例えば，人事側は30～40分間の採用面接試験だけで就活生の真の能力を見抜くには限界があります。そこで，採用後に一人前のレベルまで到達させるためにかかる期待訓練費用が最も低く抑えられる人材を見つけるために学歴 (学歴フィルター) や保有資格・検定を参照せざるをえなくなるのです。学歴格差や年齢格差などのさまざまな格差が生じる根源には“目に見えないもの”という不可避な要因の存在があります。例として，男女格差については1985年の男女雇用機会均等法が成立して以降，格差是正のためにコース別管理制度が設けられました。人事考課や査定は「見える価値」で働きを評価する

---

14)　過去の統計データに基づいた合理的判断から結果的に生じる差別のことであり，企業側は訓練投資を確実に回収するためリスク回避行動を取る。

15)　ヨーロッパでは企業役員に占める女性割合が極端に少ないため，クオータ制 (割当制) を導入して積極的に格差の是正を図ろうとする動きがある。こうした動向を平等原理の侵害や逆差別とする意見もある。

16)　情報を有しない側を外から見えない特徴でグループ分けし，そのグループの平均的な性質を推定することから生じる。

17)　数少ない面接で的確にその人物を把握しなくてはならない企業側にとって，学歴は「努力を惜しまない人」のバロメーターになっている。あるリサーチ会社によれば採用選考実施企業の3～4割が活用しているという調査結果もある。

18)　女性差別撤廃条約を批准するために，1985年に制定 (1986年施行) された。1997年の改正で募集や採用についての努力規定が禁止規定に強化され，2006年には差別禁止の範囲を拡大するなどの改正が行われた。

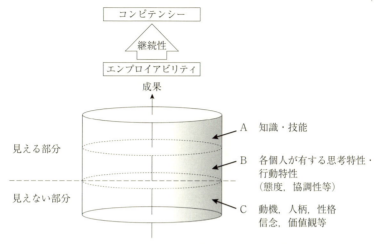

図表1-1　職業能力の3つの考え方

（出所）「エンプロイアビリティの判断基準等に関する調査研究報告書」厚生労働省職業能力開発局，2001年。

ことですが，「見えない価値」を大切にする働き方もあります。わが国では未だ性別役割分業[21]の意識が根強く残っていますが，仕事と仕事以外の家事労働やボランティアや社会的活動（地域活動）との両立を図ることが典型例です。人一倍家族を大切にできる先輩や上司ほど部下から輝いて見える場合があることとも無関係ではないかもしれません。要するに，「見える価値」を通して「見えない価値」を判断しようとするのではなく，「見えない価値」と「見える価値」とが根底ではつながっているものと理解していれば，前述した「人生＝職業キャリア」という誤解を免れることができます。

---

19) 総合職（基幹型業務などに従事し転居を伴う転勤がある）や一般職（定型型業務に従事し転居を伴う転勤がない）が代表的であり，1985年頃に大企業を中心に普及していった正社員のコース区分のことである。ちなみに，欧米には存在しない概念である。
20) 従業員が携わっている業務に対する貢献度や職務遂行度を一定の方式に従って評価することである。また，賃金等処遇面への反映（査定）を中心とした狭義の評価が人事考課であるのに対し，能力開発や異動配置，業務改善に役立てるなど他の目的も含めた広義のものは「人事評価」である。
21) 「夫は外で働き，妻は家庭を守るべき」という日本では依然として根強く残る固定的な性別役割意識のことである。国際比較では，フィリピン（男性51.3％・女性44.8％が賛成）のような日本以上に寛容的な国も存在する。

図表1-1のように，職業能力についても「（人の目に）見える部分」と「（人の目に）見えない部分」に分けて捉えることができます。輪切りに3等分したAおよびBの部分は人の目を通して見ることはできますが，Cの部分は不可能です。一般に，他人が胸の内に秘めたもの（キャリア・アンカー）までのぞき込むことは難しいからです。しかし，C（信念や価値観）は会社で成果や業績を築くための基盤であり，Cが起点となりB（思考特性・行動特性）とA（知識・技能）を伴って成果が生み出されるロジックになります（エンプロイアビリティ[22]）。そうした成果を継続的に示せる人の行動特性であるコンピテンシー[23]が企業業績としてはっきりと目に見える形で反映されることを考えれば，見える部分と見えない部分は密接につながっていることが理解できます。

第2節　社会人としての心構えが本当にできているのか

◆日本社会における内部労働市場にはどのような特徴があるか。
◇働く現場の実態はどのようになっているか。

▶日本の社会人

　就職活動を経験した人や就活準備を進めている人であれば，グループディスカッション（面接試験）の想定質問の1つとして，「学生と社会人の違い」について一度は考えたことがあることでしょう。責任の重さ，自覚，お金，自由に使える時間，コスト感覚，職業人意識（学生気分からの脱却）が代表例です。例えば，筆者の学生時代には，就職した途端に，いったん学生時代の友人とは疎遠になるのが普通でした。しかし，現在はSNSの普及により，つながりを継続できる環境にあるため，学生から社会人への意識転換がひと昔前よりも難しくなってきていることが考えられます。

---

22)　従業員側が兼ね備えておくべき「雇用に値する能力」のこと。終身雇用制が崩壊している今日では，異動や転職などの環境変化にスムーズに対応する「転職力」という意味もある。

23)　行動特性をモデル化するために能力の高さ（評価）と成果（会社への貢献度）を密接にリンクさせることが重要になる。評価基準として，親密性，傾聴力，ムードメーカー，計数処理能力，論理思考などが用いられることがある。

30　《知るの巻》

就職とは労働の売り手である労働者（就活生）自身が会社に投資することに他なりません。通常，投資はリターンを見越して行われますが，就職の場合，投資をするものは「自分自身」であり，リターンは「スキル」や「知識」や「自己成長」になります。働いた時間分だけの給与を受け取るだけならリターン率（給料以外の利回り）は低いものになります。たとえ初任給が高めに設定されていたとしても，その後の利回りが悪ければあまり自己成長は見込めません。『会社四季報』や『業界地図』での企業研究はもちろんのこと，入職後のキャリア形成が大切になる所以です。

日本の労働市場では，正社員として（非正規労働者とは別の）雇入れ口から入社して以降，ゆっくりと進む昇進・昇格のルート（内部労働市場[25]）が形成されていきます。例えば，新入社員研修では愛社精神や帰属意識が高まるようなメニューを組み入れる会社が多いですが，研修によりミスマッチが鮮明になることもあります。ただし，ミスマッチが発生する理由には「人（求人）と仕事（求職）のミスマッチ」と「人と人とのミスマッチ」の2つがあります。後者は人間同士の相性の問題であるため事後的なミスマッチといえますが，少なくとも前者については研修時に発見可能な部分もあり，配置転換を通じて解消することも可能です。先述のように，人生の岐路において何らかの選択を迫られる時に重要視する能力・欲求・価値観をキャリア・アンカーといいます。しかし，初職を選択する若年者や他の選択肢（可能性）が残されていて迷いが生じる場合には，キャリア・コンセプト理論に端を発する大まかな志向性（キャリア・ディレクション[26]）を探ることも有効です。個人にとって働く上での自由な発想や思考が制限されず，選択可能性が一定程度維持されている状況が最低限必要だと考えられます。

---

24) 新社会人が初めて手にする給料のことであり，最終学歴の高さに比例して高くなるのが一般的である。就活生が注目する指標の1つであるが，その後の賃金上昇度と併せて捉える必要がある。

25) 上位ポストを外部人材ではなく，内部の労働者から選抜する仕組み。⇔外部労働市場（アウトソーシング・外部委託など）。

26) 仕事経験に基づいて志向性を追求するキャリア・アンカーの考え方に対して，M. J. Driver は仕事経験がない人のためのキャリア志向性として経営管理志向，専門志向，自律志向，起業家志向の4タイプの相対的な強度差を検討することを提唱する。

第1章　意外と知らない自分×知られていない働く基本　31

社会人になると，会社の一員として，自分に課された業務に対して責任を持って最後まで遂行するように努めることは当然ですが，"自分さえ頑張れば大丈夫"という個人プレーの意識は社会では通用しません。基本的に，会社や組織は各部署・部門ごとに共通の目的（企業理念・経営理念[27]）に向けて，チームで運営していくことが多いからです。「1 + 1 = 2」が個人プレーの考え方であるとすれば，チームプレーの考え方は「1 + 1≧2」になります。組織力を生かした働き方を機能的に行うために，社会人（学生アルバイトも含む）には国で定められた法律（労働法）の下で働くことに加えて，それぞれの会社にある規則・規律（就業規則[28]）に従うこと求められます。付き合う相手も同世代の人ばかりではなく，上司 – 部下，先輩 – 後輩，同僚（同期）同士，取引先等とのさまざまな関係性（社会性）を良好に保つことが求められます。"人生の縮図"の人間関係が広がっている職場において目には見えない一定の縛りの中で行動しなければならないのです。

▶職場におけるコミュニケーション

　学生時代と違って，職場内では専門も年齢も異なる人々と日々接することになり，コミュニケーション力が大きな鍵になります。コミュニケーション能力といっても日常業務などを通じて社内外の人々とお互いに意思や感情，思考を円滑に伝え合う能力のことです。あまり難しく考えすぎず，上司・同僚・取引先と上手く付き合える術を備えておくことは効率的に仕事をこなしていく上でも大切なことです。

　また，正社員として入社し，会社名や氏名が入った名刺を持たせてもらえるようになると，組織の一員としての実感が湧くものです。会社の看板を背負っているという意識も芽生えてきます。極端なことをいえば，個人の失敗は会社

27）　創業者が策定し経営者が企業を経営するに当たっての考え方や愛情を示したものが企業理念であり，それをベースにして経営の指針を示したものが経営理念である（例：社是，社訓，信条）。

28）　労働者の就業上遵守すべき規律および労働条件に関する具体的細目について，労働基準法に基づいて定められた規則（会社のルールブック）。常時10人以上の労働者を雇用している使用者は必ず作成し労働基準監督署長への届け出る必要がある。

32　《知るの巻》

···　**絶対的必要記載事項**　···

いかなる場合でも必ず就業規則に記載しなければならない事項
❶始業および終業の時刻，休憩時間，休日，休暇ならびに労働者を２組以上に分けて交替に就業させる場合においては，就業時転換に関する事項（勤務の切替時間と方法）
❷賃金（臨時の賃金等を除く。以下この項において同じ）の決定，計算，支払いの方法，賃金の支払いの時期ならびに昇給に関する事項
❸退職に関する事項（解雇の事由を含む）

···　**相対的必要記載事項**　···

定めをおく場合には必ず就業規則に記載しなければならない事項
❹退職手当の定めをする場合においては，適用される労働者の範囲，退職手当の決定，計算および支払いの方法ならびに退職手当の支払い時期に関する事項
❺臨時の賃金等（退職手当を除く）および最低賃金金額の定めをする場合においては，これに関する事項
❻労働者に食費，作業用品その他の負担をさせる定めをする場合においては，これに関する事項
❼安全および衛生に関する定めをする場合においては，これに関する事項
❽職業訓練に関する定めをする場合においては，これに関する事項
❾災害補償および業務外の傷病扶助に関する定めをする場合においては，これに関する事項
❿表彰および制裁の定めをする場合においては，その種類および程度に関する事項
⓫以上のほか，当該事業場の労働者のすべてに適用される定めをする場合においては，これに関する事項

···　**任意的必要記載事項**　···

上記以外についても，その内容が法令または労働協約に反しないものであれば，任意に記載することができる事項
・採用手続き，試用期間，配置転換に関する事項
・異動，出向・転籍に関する事項
・休暇，服務規律，就業に間する遵守事項 など

の失敗に直結します。企業規模の大小にかかわらず，社員１人ひとりが会社を支えているという意味では，第１章１節で出てきた「働く目的」（26頁）の中には〈会社を成長させるために「働く」という視点が必須になります。社会人としての自己の成長は会社の成長に通じるものです。いい換えれば，自分を大きく成長させてくれるところが会社（職場）なのです。さらに，キャリア形成においては人生の道標になるような存在との巡り合いが成長度や転機に大きく影

第1章　意外と知らない自分×知られていない働く基本　　33

響する場合があります。筆者の経験上，実際の職場には模範的社員が1人2人はいたりするものですが，そのような具体的な考えや行動の模範となるお手本のことをロールモデル[29]といいます。

　仮に，入社した職場に運良くロールモデル（A氏）が存在したケースを考えてみましょう。最初から，躍起になってA氏の要素を取り込もうとしても習得できるものは少なく上手くいかないはずです。それはスキルやテクニックを取り入れるための素地がなく消化できないためです。経験が不足しすぎているために，なぜそのスキルが必要なのかが実感できないのです。早期離職する若年社員の筆頭理由として「成長を実感できない（成長実感の渇望）」や「現状への焦燥」が指摘されますが，決して焦りは禁物です。まず，目の前の「やるべきこと」をとことんやってみることです。最初は右も左も分からずミスを繰り返し，叱責を受けることも珍しいことではありません。大事なことは謙虚に反省をして，忠告は期待の裏返しと捉えてそれに応える努力を重ねることです。何事にも積極的に取り組む貪欲な姿勢が新入社員には最優先で求められます。すると，次第に実力がつき「できること」がどんどん増えていきます。いちいち上司の指示を仰がなくても日常業務を回せるようになってくるはずです。「できる・できない」という基準で判断するのではなく「今できる・すべきこと」を優先させる結果として，初めて「やりたいこと」に近づくことができることを肝に銘じておくべきです。その道何十年の職人やプロと呼ばれる人も元々は素人だったことを考えれば，"仕事が人間を作る"といっても過言ではありません。「やりたいこと」と「できること」は必ずしも一致しないことを念頭に置きながら，会社では仕事を通じて社会人としての育成が行われることを再認識しておく必要があります。

▶会社でのビジネスマナー

　会社への入社経験がある人なら，入社式を終えた新入社員同士の仲間，つまり「同期」と呼ばれる存在が何人かいるはずです。同期は上司や先輩社員から

29）　自分にとって具体的な行動や考え方の模範となる人物のこと。必ずしも実在の人物とは限らない。

は比較対象として自分と比べられることになります。所詮，人の主観に基づく判断であるため理不尽なことも少なくありません。新米社員（新入り）は未熟な社員と見なされる一方で，職場における自分たち（上司や先輩社員）の同僚という見方もされます。職場に上手く溶け込むためには，人間関係を中心とした「職場のマナー」をいち早く習得することが何より肝心です。職場も人と人との関係で成り立っているわけですから，最初に好印象を抱いてもらえれば快適な職場環境を手にする上で有利になります。例えば，メンター(mentor)[30]との遭遇可能性が高まれば，辛い仕事があった時に必要な支援が得られやすくなり，長期の継続雇用や自己の成長にも有利に働くことが考えられます。

　ビジネスの場面に限らず生活の基本になるのがマナーや挨拶です。「ホウ（報告）・レン（連絡）・ソウ（相談）」や「5 S（整理・整頓・清掃・清潔・躾）」は社会人として最低限の基本行為になりますが，挨拶は最も基本的なコミュニケーションツールです。しかし，社交辞令としてただ単に行えば良いというものではありません。マナーの基準は自分側ではなく，周り（他者）がどのように感じるかによります。挨拶には「あかるく・いつでも・さきに・つづけて」の鉄則があります。実際の職場では，自分と考え方が大きく異なり，どうしても苦手意識を抱いてしまう社員や取引先相手がいるかもしれません。しかし，好き嫌いで物事を判断していては組織力を発揮したチームプレーは上手く機能しません。TPO[31]に応じた対応が円滑な人間関係を基盤とした組織運営にとって必要事項といえます。

第3節　働く最低基準とはどこまでを指すのか

◆憲法が保障する労働者の権利にはどのようなものがあるか。
◇職業キャリアの各段階でどのような労働法制が適用になるのか。

---

[30]　近年，若手社員の育成の一環で，会社や配属部署における上司とは別に指導・相談役（メンター）となる先輩社員が新入社員をサポートするメンター制度の導入が広がっている。
[31]　時や場所や場合における使い分けのことである。Time（時間），Place（場所），Occasion（場合）の頭文字を取ったもの。

第1章　意外と知らない自分×知られていない働く基本　　35

図表 1-2 　労働法の適用 （採用から退職まで）

募　集　…　年齢・性別の制限禁止など
▼
内　定　…　合理的な理由なしに内定取消しは不可
▼
採　用　…　労基法を下回る労働条件の禁止，労働条件の明示
▼
入　社　…　身元保証書の提出など
▼
試用期間　…　本採用拒否など
▼
人事異動　…　出向・転籍など
▼
退職解雇　…　定年，解雇など

▶労働者と使用者

　普段，私たちは意識するしないにかかわらず，一定の法的ルールに囲まれながら生活しています。一般的に，最終学校を卒業すれば社会で働き出すことになりますが，学生時代に就職活動をし，内定をもらい入社するところから雇用関係が始まります（**図表1-2参照**）。仮に，順調に定年年齢まで勤め上げることができれば，会社との関係は約40年にも及ぶことになります。これは正社員を想定したものですが，世の中で働く人のおおよそ3人に1人が非正社員であり，年々その割合は増加しています。

　しかし，日本の法律（労働法）では「正社員／非正社員」という用語はなく，法律上は，単に労働者[32]とあるのみです。雇用契約に基づき，使用者の指揮命令を受けて働き，労働の対価として賃金をもらっている人であれば（労働基準法上の）労働者に該当します。つまり，正社員も非正社員も平等に労働者としての保護を受けることを意味します。法的ルールの下では，労働者全員が6時間を超えて働く場合は45分の休憩が入り，深夜10時以降に働く場合には25％の割増がつき，1週間に最低1回の休日があると想定された職場で働くことになります。にわかに信じ難いと思う読者がいるかもしれませんが，雇用形態にかか

---

32)　「職業の種類を問わず，事業または事業所に使用される者で，賃金を支払われる者」（労働基準法第9条）。

36　《知るの巻》

わらず，労働者と使用者の両方が守らなくてはいけないルールとして国の法律（法令）で定められているのです。

▶労働者を守る法律

法律上，労働者と使用者は対等の立場とされますが，実際問題として，労働の売り手（労働者）と買い手（使用者）という立場上の違いから力関係は使用者の方が強くなりがちです。そこで，労働者が劣悪な労働条件で働かされることがないよう労働者を保護する目的で「働く上での最低限度の基準」を定めたものが労働基準法[33]です。では，皆さんにとって働く上での最低限の権利とはどのようなものでしょうか。かつて日本経済の強みであった安定した雇用形態（日本的雇用慣行[34]）は今日のような低成長時代では企業側には負担になり，グローバル化や企業間競争の激化により働き方も多様化しています。もはや，1つの企業で長期雇用となることだけが安定した働き方という時代ではありません。企業数の99.7％を占める中小企業では，正社員だからといって雇用が安定しているともいえなくなっています。

例えば，就職浪人をせず，リストラ（雇い止め）やブラック企業にあわなければそれだけで良い職業人生だったといえるでしょうか。転職や再就職をする際に空白期間ができなければ最低ラインをクリアしていると本当にいえるでしょうか。実際に，将来のキャリアについて悩みを持つ若年者や学生は大勢います。就活生は労働の売り手という立場上，どうしても買い手（企業側）が求める人物像に従わざるをえないという意識構造上の問題が出てきます。そこで，経営者に比べ立場が弱いとされる労働者の権利を守るという目的で，憲法が労働条件を法律で決めることを求め労働基準法が制度化されています（1947年施行）。例えば，現在の労働時間は原則1日8時間，週40時間と定められており，上限を超えて働く場合，企業は残業代を支払う必要があります。実際には，完全に支払われている企業ばかりではありません。また，年次有給休暇（有休）も要件

---

33) 日本初の本格的な労働者保護法規であり，労働条件に関する最低基準を定めた法律。
34) ①終身雇用，②年功序列賃金，③企業別組合という日本の労使慣行。日本的経営方式ともいう。

第1章　意外と知らない自分×知られていない働く基本　　37

を満たせば1年で20日間（時効は2年）まで取得することができますが，有休を取らないことを美徳とする風潮が根強い職場では容易に取得申請ができる状況にない場合もあります。

　憲法は生存権を定め[35)]，国が社会福祉，社会保障などを向上させ，福祉国家への道を歩むことを約束しています。もちろん，労働トラブルの発生により法的措置を講じるようなことが起きないに越したことはありません。しかし，長い職業キャリアの中で絶対に起こらない保証はありません。特に，会社から軽く扱われがちな非正社員（パート・アルバイト等）が増加傾向にあることを踏まえれば，最低限度の条件を厳しく注視することが大切です。

　世の中には自営業者や会社の社長や役員といった雇用関係にない人も一部存在しますが，「雇用関係を結ぶ」ことは一般の労働者と共通します。労使間の合意により，賃金や労働時間や業務内容等が決定されますが，実際には会社側が一方的に労働条件を決定している場合がほとんどです。しかも，労使間での契約内容の自由が認められているため[36)]，労働基準法により労働者の尊厳や人格を守るための修正が行われているのです。つまり，労働基準法の基準より不利な労働契約による合意は無効となります[37)]。逆に，有利な労働条件の場合，その合意は有効となります。労働基準法の規定はあくまでも最低基準だからです。労働基準法は"全国的な最低基準"であり，労働協約や就業規則や労働契約はこれに違反することはできません（強行的効力）[38)]。労働基準法に定める基準に達しない労働条件部分は無効とし労働基準法の基準に定められる（直律的効力）[39)]。また，労働協約の規定があれば有利・不利に関係なく就業規則・労働契約より[40)]

---

35)　「すべての国民は健康で文化的な最低限度の生活を営む権利を有する」（日本国憲法第25条1項）。

36)　働くか働かないか，雇うか雇わないか，どのような労働条件にするかは，労働者・企業がそれぞれ自由な契約主体として労働契約を行う（労働契約法第3条）。

37)　例えば労働契約期間，賃金・労働時間などの明示，強制貯金の禁止，解雇予告（30日前）と解雇制限（業務上負傷・疾病による休業期間・産前産後休業期間とその後30日間），退職時の証明交付などが定められている。

38)　団体交渉で決まったことを書面にし，労働組合と使用者側の両方の代表者が署名または記名押印したものである。

39)　労働基準法で定める基準に達しない労働条件を定める契約は，その部分については無効（労基法の強行法規）となる効力。

40)　無効になった部分を労働基準法の基準に置き換える効力。

図表 1-3　法的ルールの規制力の関係

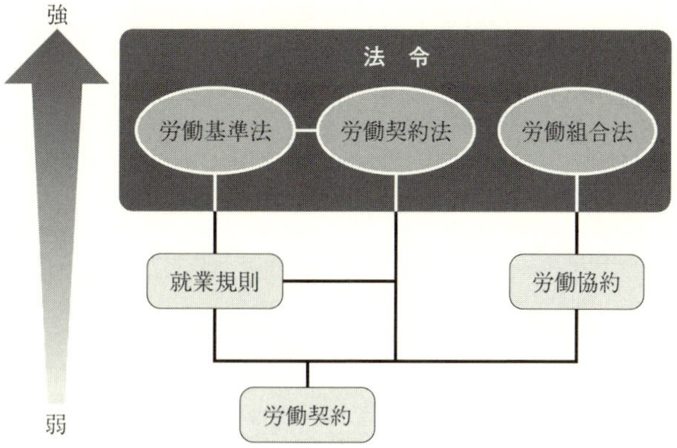

強

法　令

労働基準法　　労働契約法　　労働組合法

就業規則　　　　　　　　労働協約

労働契約

弱

（出所）　全国保険労務士会連合会，2014年。

優先的に適用されます。一方，就業規則は"職場の最低基準"であり，具体的
な労働条件のほとんどが定められているため，事前のチェックが大変重要です。
就業規則より不利な労働契約による合意は無効となります（最低基準効）[41]。同様
に，有利な労働条件の場合その合意は有効となります。法的ルールの中には，
国で定められた「法令（労働法）」，労働組合と使用者の間で締結する「労働協[42]
約」，職場で定められた「就業規則」，労働者個人と使用者の間で締結する「労
働契約」があることに加え，規制力にも大小関係[43]があることを知っておきまし
ょう（**図表1-3**）。

　日本でも憲法において労働基本権が保障され，労働組合の結成や活動を助成
するために労働組合法が制定されています。労働組合の正当な行為については
刑事・民事上の免責を規定し，使用者の不当労働行為の禁止[44]を定めています。

---

41)　就業規則を下回る労働契約部分を無効とし，その部分を就業規則の労働条件で規律するとい
　　う効力が定められるという効力。
42)　労働者の経済的地位の向上は，労働者の団結である労働組合を通して実現してきたという歴
　　史がある。先進諸国で労働組合の結成や活動が禁止されている国がないのは，それだけ労働者
　　の権利は厳格に保障されるべきものという考え方が重要視されている証拠とされる。
43)　法令＞労働協約＞就業規則＞労働契約。
44)　使用者が行う労働者の団結権を侵害する行為。①労働者の団結権を侵害すること，②正当な
　　組合活動を妨害すること，③正当な理由なく団体交渉を拒否すること，④組合活動へ介入する
　　こと，⑤組合未加入を採用の条件にすること（黄犬契約）。

第1章　意外と知らない自分×知られていない働く基本　　39

▶長時間労働と労働時間規制

　就活生や勤続年数の短い社会人は，処遇面（給料・休暇休日・福利厚生）を気に
しがちですが，実際に働き出すと年間休日日数はそれほど気にならなくなるも
のです。日本の労働時間規制とは，1週40時間，1日8時間を一応の労働時間
の上限（法定労働時間）とした上で，それを超える時間外労働については労働者
の過半数代表（「過半数組合」がある場合にはその組合）との労使協定（36（サブロ
ク）協定）の締結と労働基準監督署（以下，労基署）への届出を条件とし，さらに
割増賃金の支払いも義務づけて長時間労働を抑制しようとしました。規定の趣
旨としては長時間労働を抑制することによる健康確保（安全衛生規制）やWLB
の確保でした。しかし，この規制が十分に機能しておらず健康問題が今なお深
刻であることが国際比較の点からも明らかです（**図表1-4**）。条文では，「使用
者は1日8時間，週40時間以上働かせてはならない」とありますが，労働者に
対して「1日8時間，週40時間働かなければならない」ということではありま
せん。法定労働時間より短く働かせることも現行法上は問題ありません。しか
し，働く人の健康と安全を守るための長時間労働を規制するという根本的なと
ころが十分ではありません。

　今日では，WLBとは単に生活部分の時間を増やすことではなく，メリハリ
をつけて仕事と家庭の両方を充実させるという考え方が定着しています。さら
に，WLB施策は企業の競争力を強めるための経営戦略として，会社にプラス
の効果をもたらすという考え方が常識になりつつあります。

　例えば，従業員が出産により退職した場合，人員を補充するより産休明けに
就業継続した方がコスト減になることが考えられます。また，子どもを持つ女
性社員の定着率が上昇すると同時に，短時間で効率よく働くよう心がけるため

---

45)　実際には使用者が指名したり，管理監督者になったりして不適切に選出されている事例が多
　　い。
46)　時間外労働や休日労働を行う場合に必要な手続であり，労働基準法第36条に基づくために
　　こう呼ばれる。
47)　労働基準法その他の労働者保護法規に基づいて事業場に対する監督及び労災保険の給付等を
　　行う厚生労働省の出先機関。
48)　日本の労働基準法は命と健康を守る安全衛生規制であり，物理的に労働時間規制としての性
　　格を有している。

40　《知るの巻》

図表1-4　長時間労働の実態（国際比較）

欧米と比べると長時間働く人が多い（構成比）

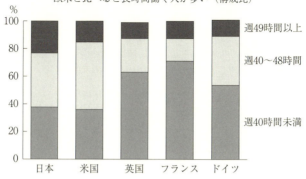

（出所）　労働政策研究・研修機構（2015）。

時間管理能力も向上します。"付き合い残業"が減少することで業務効率も改善するかもしれません。

　また，保育所が確保されると，育児休業を早めに切り上げて復職する社員が出てくるかもしれませんし，何より企業のPR効果や企業イメージ向上による自社への誇りが強まることも期待できます。こうした，従業員の定着や満足度，仕事への意欲の向上は，従業員の多様な経験の蓄積による創造性の高まりに発展することが考えられます。

　さらに，企業におけるWLB推進の方法をどうするかという点も重要になります。WLBの推し進める際，管理職や従業員の負担や不公平感の増大，業務管理，人事評価を困難にすることへの懸念があります。こうした懸念事項を払拭していく必要があります。第1に，経営トップの理解やリーダーシップの発揮が重要です。例えば，企業内で労働環境を見直す責任者としてCWO（Chief Work Life Balance Officer）を設置し，社内外にその存在と役割をアピールしながらWLBを推し進めている企業があります。何より，従業員のニーズに応えた取り組みを進めることが実効性のある制度づくりのために効果的です。そのことは従業員の心身の健康保持のためにも有効です。

　加えて，時間を有限な経営資源と捉えることが肝心です。限られた時間資源

図表1-5　日本の職業訓練のタイプ

```
仕事に        訓練を          雇用保険を        ─────── 日本版デュアルシステム
就いて        受けてから       受給できる
いない        就職したい                       公共職業訓練 ─── 機構訓練
(求職中)                                        (離職者訓練)
                             雇用保険を                    ─── 都道府県訓練
                             受給できない
                                             求職者支援訓練 ─── 基礎コース
                             新卒未就職
                             である                         ─── 実践コース

                                             短期集中
                                             特別訓練

              賃金を                         公共職業訓練
              得ながら                       (学卒者訓練)
              訓練を
              受けたい                                     ─── 有期実習型訓練

                             雇用型訓練      ─── 実践型人材
                                                   養成システム

                                                         ─── 若者チャレンジ訓練

仕事に                       公共職業訓練
就いている                    (在職者訓練)
(在職中)
```

（出所）　厚生労働省ホームページ　職業訓練（就職に向けてスキルを身につけたい方へ）。

の範囲内で実現可能な仕事の付加価値の最大化を目指し，それぞれ企業の現場の管理職や従業員が業務マネジメントに取り組むことがWLB実現の大前提になります。こうした下地が整っている環境こそが働く上での最低限の条件といえるのです。

　今日では，生涯学習を目的とした各種スクールや市販されている教材によって，個人は組織と無関係な形で自己啓発の機会を持つことができます。一方で，人事研修部門があるにもかかわらず，経理部内に独自の研修組織を置くことがあります。この場合，経理部が設置した教育目標の達成には大きな効果が期待できます。1人ひとりの能力を高めることだけでなく組織全体のボトムアップが求められています。組織の生み出す成果を最大化することを意図として，日本では職業訓練施策が実施主体別に分類されています（**図表1-5**）。入社後に任される職務が曖昧な日本の新規学卒者の一括採用方式（新卒採用）は，企業側が

42　《知るの巻》

初期職業訓練を根づかせる要因にもなりました。それだけでなく，やるべき仕事が明瞭な職場での訓練は，受講者側の意欲を高めるとして，職業能力開発の効果を認める意見もあります（小杉・堀（2013））。

第4節　働くことに関する労働者側×使用者側のホンネ対談

学生A　私は大企業である○○株式会社で働ければ本望です！

人事B　それはどうして？

学生A　だって，大企業であれば比較的雇用は保障されているだろうし，給料もそれなりにいいだろうし。将来安泰ですからね。

人事B　でも会社は生き物だからね。経済情勢やトレンド，天災事変などさまざまなことがきっかけで危なくなることもあるから……。大企業だってこれからは分からないよ。

学生A　そういうものなんですか……。少し不安になってきました。

人事B　そう心配することはないけど，企業は基本的に会社の存続（ゴーイングコンサーン[49]）を前提にしている。「企業は人なり」と言われるように，どのような人たちがどの部署で働いてもらうことが適切かを常に考えているんだ。

学生A　私は○○系や△△系の職種は絶対無理です！　希望しない部署に行くのは嫌です……。

人事B　ははは，まだ経験したことがないからそう思うかもしれないね。だけど，実際にはやりたくない仕事が回ってくることは大いにありますよ。私もそうだった。でも，実際には職業キャリアを積み上げる中で，その仕事への価値観が変わったり，やりがいが出てきたりもするものだよ。

学生A　しかし，会社にとっても，本人がやりがいの持てる仕事でバリバリやってくれた方が成果も上がっていいんじゃないですか？

人事B　確かにそうだね。働くということは"傍"を"楽"にするということを聞いたことがないかな？

---

49)　会社が将来にわたって継続していくという前提。財務諸表は企業が継続して事業活動を行うことを前提として作られている。

第1章　意外と知らない自分×知られていない働く基本　43

学生A　はい，初めて聞きました。

人事B　自分だけ頑張れば良いということではなく，周りへどれだけ貢献できるかが重要ってことなんだ。会社にとって一番良いのは，企業が見込んだ良い人材（エンプロイアビリティの高い人材）を採用し，その人が業務を通じて企業人としても人間としても成長して，会社により貢献してくれることなんだ。そのために研修やOJTを組んだり，給与，福利厚生などを揃えていく。ずっと会社が安定しているならいいんだけど，経済情勢等が悪化すると，企業は存続のためにやむをえず業務の廃止や人の配転を行う。本人の希望とは違う部署・地域に配転されることもよくあることだよ。

学生A　でも希望通りにいかないのなら，その会社を辞めたいなって思う人も出てきますよね？

人事B　そうだね。会社や担当している仕事に満足ができずに，「辞めたいな」と思いながらも仕事をしている人は多いかもしれないね。企業側は一人前に育て上げた人材に辞められてしまうリスクや良い人材が確保できないというリスクが常にある。社会人として一人前に育てるには，それなりに期間やお金がかかることだからね。そのために給与や福利厚生，労働環境の整備が必要なんだ。「この仕事にはこれだけの賃金（給与）が支払われるべき」というものが崩れて企業側だけが満足している状態であれば，「労働者を大切にしない企業」として，どんどん人材が流出することが考えられます。

学生A　景気が悪いから……というのは分かりますが，それでは働いている側は常に首を切られるリスクがありますよね。たまらないなぁ……。

人事B　もちろん，大切な人材が流出しては企業としては存続できないはずだね。でも，世の中には，人材を採用しても採用してもどんどん退職していく……。その場にいる人たちだけで回していく，定着率の低い企業も実際に存在します。

学生A　会社任せじゃなくて，場合によっては労働者も自分たちの働き方を自主的に考えていくこともアリということなんですか？

人事B　そうともいえるね。自分がどのように働きたいかを考えておくことは必要だよ。会社は昔のように絶対的に守ってくれる存在ではなくなってきて

いる。でも，「こうじゃなくちゃダメ」と考えてしまうと，さっきのように希望部署じゃないだけで会社を辞めることにもなってしまう。辞めても次が見つかるようなエンプロイアビリティが持てているならまだしも，そうでなければ，「がんじがらめの価値観」が働く人にとっての大きなリスクにもなりかねないよね。

学生A 私たちのような学生は今から何ができるでしょうか。

人事B 自分の特性をある程度把握して，学生生活の中でそれを磨いておくことはできるんじゃないかな。間違っていてもいいんだよ。やってみたら違った！ということもあるし，それが分かることが大事。そのためにいろいろ行動してみる……。つまり，「学生生活を充実させること」ですね。

> **DISCUSSION**
> 学生Aと人事Bとの「働くこと」に関する会話の中で，気になる箇所や共感できる箇所についてチェックしてみよう（話し合ってみよう）。また，学生Aを自分自身に置き換えると何が問題になるかを考えてみよう。

第2章　いろいろ持っている自分×持たされる仕事内容

第1節　自己分析や業界・企業研究は社会で本当に役立つのか

◆就職活動はどのように変化してきたのか。
◇労働市場で起こるミスマッチの背景には何があるのか。

▶今日の就職活動

「選挙運動」と「選挙活動」，「政治運動」と「政治活動」と同様に，就職活動も大正初期頃には「就職運動」（『日本国語大辞典』第2版）が用いられ，1930年代頃に「就職活動」，そして，1990年代後半の就職氷河期と呼ばれた頃から「就活（シュウカツ）」が使用されるようになりました。就職活動の経験者ならよくご存知だと思いますが，キャリアセンター・就職課による大学2～3年生向け就職ガイダンスでは就職活動は"お見合い話"にたとえられることがよくあります。つまり，相手があってのマッチングですから，片思いでは契約は不成立に終わってしまいます。相思相愛であること，つまり，①[自分が会社を選ぶこと]→②[会社に自分が選ばれること]の両方が満たされて初めて契約は成立します。47頁の〈就職内定の公式〉でいえば，①と②とは「かつ」の関係（積の法則）が成り立ちます。①∧②は企業側にとっての採用内定，就活生にとっての就職内定を意味することになります。①が職種・業種・企業の研究やエントリーであるなら，②はビジネスマナー・SPI・面接力が強く関係します。例えば，企業は就活生が生半可な気持ちでは応募できないような面倒なESをあえて課すことにより，応募者の資質を効率的に判断できるのです（スクリーニング[1]）。

＜就職内定の公式＞
［①自分が会社を選ぶこと］×［②会社に自分が選ばれること］

　では，内定を獲得できる就活生とそうでない就活生とでは何が大きく違うのでしょうか？　仮に，ある化粧品会社に就職を希望する2人の就活生（Pさんは内定，Qさんは未内定）がいたとしましょう。PさんもQさんも就職したいと願う企業ですから，その会社の商品・サービスが好きなのは当たり前です。スタートラインは2人とも同じであるはずなのですが，結果が対照的になるのは「好き」をどこまで本気で追求してきたかという点で差異が生じるからです。これは企業研究に該当します。「好き」の根拠をどこまで追求してきたのかに他なりません（例えば，ESの見える化（ビジュアル化）[2]という方法があります）。しかし，どれだけ真実味を持ってリアルな体験エピソードを伝えたとしても企業側が内定出しをしてくれる保証はありません。「その人らしさ」や「業界（社風）に沿ったエピソード」でなければ十分な効果が得られないことも珍しくはありません。例えば，キャリアや心理学の分野では，「ジョハリの窓」[3]という自己理解を図り，他者とのコミュニケーションを円滑にするモデル（ツール）が広く知られています。インターンシップや店舗見学，社会人訪問（OB・OG訪問）等の実地経験を通じて3C分析[4]やSWOT分析を行う手法があります。

　マーケティングのプロセスに従えば，「市場調査（Research）」→「細分化（Segmentation）」→「ターゲットの絞り込み（Targeting）」→「位置取りの決定（Positioning）」を行って，4つの戦略（Product; Price; Place; Promotion）を組み合わせて最大の効果を目指すことになります。**図表2-1**より，労働の売り手である「自分」と労働の買い手である「企業」，競合者である「ライバル（他の就活

---

1)　労働の売り手と労働の買い手の間に情報の非対称性が存在する場合，情報の少ない側（買い手）が情報の多い側（売り手）に選択を通して情報を開示させること。

2)　可視化されづらい作業のビジュアル化を指す経営上の手法の1つ。採用現場においても，その人を正確に見極めるために会社独自のESフォームや面接形態を通じて応用されている。

3)　自分ならびに他人から見た「知っている自分」「知らない自分」の2視点から分類される4つの領域（開放の窓・盲点の窓・秘密の窓・未知の窓）を表す概念。主観的に見た自分と客観的に見た自分の両方を知るための方法。

4)　環境変化のトレンドを，より正確につかむための3つの視点のことであり，Customer（市場・顧客）・Competitor（競合）・Company（自社）の頭文字を取ったものである。

第2章　いろいろ持っている自分×持たされる仕事内容　　47

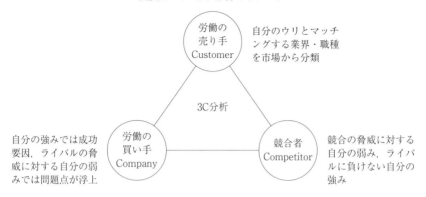

図表2-1　3C分析のイメージ

図表2-2　クロスSWOT分析を活用した自己分析法

		他者認識	
		強み	弱み
自己認識	強み	Ⅰ 自他ともに認める 最大のPR要素	Ⅲ 視野を広くして認識を改めること でギャップを縮められる要素
自己認識	弱み	Ⅱ 自己を再認識し直し意識化 することで武器となる要素	Ⅳ 他のカバーできるものに 置換してもよい要素

アクションプランa：強みによって機会を最大限に活用するために取り組むべきことを考える
アクションプランb：弱みによって機会を失わないように取り組むべきことを考える
アクションプランc：強みによって脅威による悪影響を回避するために取り組むべきことを考える
アクションプランd：弱みと脅威によって最悪な結果になることを回避するために取り組むべきこと
　　　　　　　　　を考える

生）」の3者を踏まえて分析することになります。

　図表2-2のクロスSWOT分析[5]では，より高い成果を出すために，時間的な優先度を決めて実行に移すことが大切になります。「Ⅰ」→「Ⅱ」→「Ⅲ」の順で優先的に行い，「Ⅳ」は意図的にやらないということも戦略として考えられ

---

5) 内部要因から強み（Strength）と弱み（Weakness），外部要因から機会（Opportunity）と脅威（Threat）を抽出し，それを基にして，強み・弱みの内部環境と機会・脅威の外部環境をクロス分析してプランニングする方法。

ます。

▶就職内定の意味

　内定出しの意味するところは，「頑張ればこの会社で十分に貢献できる力が備わっている」というお墨付きを得たということになります。ですから，内定獲得は客観的評価として素直に受け入れて良いと思います。しかし，あくまでも「頑張れば」という条件付きの仮定の話です。内定を得た職場で頑張れるかどうかの保証はありませんし，誰にも分かりません。それは相対評価（他者視点）だからです。入社した会社で働き続けるためには自分で自分を奮い立たせたりする自己コントロール力や少々の失敗にもめげないストレス耐性や対人関係調整力など，自ら新たなスキルを身につける自己研鑽（けんさん）が求められます。例えば，営業ビジネスにおいてはどれだけ入念な下準備をしたかによって多種多様な顧客，取引先との商談を含めたコミュニケーションに大きく影響します。つまり，内定を得るための活動（他者視点）と入社後の活動（自己視点）とは異次元のものとして切り分けて捉えた方が望ましいといえます。

　一方，業界における会社のポジションを知ることは大変重要なことです。そもそも企業同士のつながりを知ることが業界研究ともいえますが，モノの流れ（サプライチェーン）[6]のどの段階に携わるかによって業態が異なってくるからです。企業同士の関係性を知っていればライバル企業の視点から自社（入社を希望する会社）を客観的な視点で観察できる面があります。産業界は常に動いているため，現在の姿だけではなく過去5～10年にさかのぼって歴史的な視点から捉えることによって初めて将来を展望できるようになるのです。

　一般に，企業規模が小さな会社ほどトップの意向や会社の個性が強く表れるといわれます。大手企業や大企業を目指す場合には，コース制（総合職／一般職／エリア職），知名度，業種，業界，企業規模，市場占有率……，企業を絞る軸はそれぞれにありますが，たいていの場合，志望先を絞り込む入社前の限定的

---

6)　原料の段階から製品やサービスが消費者の手に届くまでの全プロセスの繋がりのことをさし，ITを活用して効果的な事業構築・運営する経営手法がサプライチェーンマネジメント（SCM）である。

な問題です。むしろ，入社後全員に必要となるのは自分の成長のための「自分軸」の視点です。これは，中・高・大の発達段階でのキャリア教育を通じて考えた自分軸（縦串）とは異質なものです。社会軸（横串）を考慮した上での「自分軸」の再考だからです。学生の視点で見ると無関係な分野の情報であっても，実際に働き始めると表面的には見えていなかった部分でつながっているということがよくあります。ですから，あれだけ企業・業界研究をしていたつもりなのに（!?）という人ほどギャップの大きさを感じることになります。自分の未熟さを痛感するところから社会人としての大きな成長が始まるのです。

▶多様化するハラスメント

　2015年夏に就活生に対し，企業が内定を出す条件として他社の就活を終わらすよう圧力をかけるオワハラ[7]がクローズアップされました。しかし，企業が他社の選考を辞退させたり，内々定後に懇親会や研修と称して学生を拘束したりする行為は以前からありました。ハラスメント行為とは優位な立場や権限を利用し，逆らいにくい立場にある人に対して不利益を与える行為のことですから，学生の職業選択の自由を高圧的に妨げることは違法行為です。その種類も以下のように多様です。

① 採用面接の場面で他社の就活を終えると約束しなければ内定を出さないもの

② 目に見える形で書類の提出を求めて精神的な圧力をかけるもの

③ 内定者研修や内定者インターンやオフィス見学と称したイベントを通して選考期間や選考頻度を必要以上に増やし，他社の選考に参加することを阻害するもの

④ リクルーターや先輩後輩の関係を利用して内定の承諾を強要するもの

　筆者自身の経験では，かつての教え子（ゼミ生）が内定を得た外資系IT関連企業の人事担当者がその学生の囲い込みのために，わざわざ研究室まで直接ご

---

7) 就活終われハラスメント。日程が大幅に後ろ倒しされた2015年度の就活戦線では，内定者が別の企業の面接に行ったり，内定辞退をしないように囲い込む行為が横行した。

挨拶に来られたこともありました。極めつきが学校推薦状の要求です。通常は就活生1人に対して1通までとしている大学が多く，内定辞退による後輩への悪影響は免れないとされるため強力な囲い込みツールになりえるのです。オワハラにどのように対応したら良いかという相談は増えている印象があります。もちろん，企業に提出した承諾書は法的根拠が薄いので，筆者は深刻に心配する必要はないという指導をしています。会社側も無理やり入社させることの代償として，会社の評判の低下や離職率の上昇というしっぺ返しがあることをきちんと理解した上で，ミスマッチによる早期離職を避けることが賢明といえます。勤続20〜30年のベテラン社員にもなってくると，「企業のいうことが基本的に正しい」と思い込みがちになることもあるため注意が必要です。就活生側も疑心暗鬼になって心の余裕をなくすのは禁物ですが，きれいな建前にだまされないような知識武装もしておきたいところです。

第2節　就職活動で自分のどこが成長したのか

◆就職活動における採用とは何を意味するのか。
◇社会人基礎力とはどのようなものであるか。

▶就職活動と自己成長

　就職活動のスタートラインは皆，同じであり，最終学校を卒業するまでESに書けるような職歴を持たない場合がほとんどです。一方，過去に経験したことがない未知の領域で活動することにより，目に見えぬ自己の成長が必ずあります。就職活動を通して職業と自分の理解を深めながら，企業説明会や採用面接に参加する中で自己の成長を感じる学生は数多くいます。選考過程において，企業から拒否されたり，あるいは自ら体感したことを基に，妥協できる部分とできない部分の一線（キャリア・アンカー）を次第に明確にしていきます。筆者自身，学生を最終学校から社会へ巣立たせる10年以上の経験を通じて"内定を獲得できそうな学生"を見極める眼力がついたという自負があります（一言ではいい表しにくいものですが）。

第2章　いろいろ持っている自分×持たされる仕事内容　51

採用現場における第1次選考の上位通過者と最終選考通過者との間に，正の相関があるという調査結果があります。大学生を例に挙げると，休み期間は1.5〜2カ月と長く授業や時間割も自由に選べる要素が強いわけですが，自由度の高い中で自らを律し規則正しく生活する習慣は最低限の基本になります。短期間のうちに数多くのイベントをこなさなければならない就活生にとっては，積極的に活動するほどスケジュール管理が大変になりますが，体調管理や金銭管理などのセルフマネジメント力は物理的に就職活動を始める上での基礎的要件になります。

　学生にとって就活が終了するまでESの改訂は続くのが一般的です。就活期間は内定の状況（内定時期，内定社数，本意/不本意）によって大きく左右されます。しかし，内定獲得という側面だけで，簡単に成長度が測れない部分があることを知っておきましょう。学生と社会人とは基本的にフィールドが異なるからです。例えば，採用面接の場面において，最後の質問[8]というものがあります。「何もなし」という返答は当然NGですが，「もし御社から内定をいただけたなら春まで何をしておけばいいですか」という言い古された回答は十分ではありません。入社してからもずっと"学ぶことの連続"ですから，学生時代に培った勉強の仕方は社会の中で使うこともありますが，課題は与えられるものではない点が大きく異なります。自ら課題を発見し解決の糸口を模索することの繰り返しが社会人基礎力の根幹になります。問題意識や目的意識を持って臨むことで，周りには自己の能力成長につながる要素がたくさんあるのです。

　企業30年説という話があります。採用面接の場面において「5年後・10年後の理想の社員像」を聞かれたと就活生からよく耳にします。事業・サービス・商品の10年先，20年先の未来は分からない部分があるのは確かです。会社の現状だけでなく"会社が目指しているもの"を探ることが重要になります。これからの雇用社会は，会社の寿命がこれまでと同じ長さを維持できると考えるのは危険ですし，会社が続いたとしても，IT技術の発展により自分がこれまで蓄積してきたスキルを利用できなくなることも起こりえます。そのような場

8）　面接試験の最後に面接官側から聞かれる「最後に質問があればどうぞ」という逆質問のことであり，役員面接や最終面接で多いとされる。

合，他部署に移籍することによって自分のスキルを活用することを模索する必要が出てくるのです。

▶社会人基礎力

では，就職活動や転職活動を有利に展開していくためにはどのような力が求められるでしょうか。

＜公式＞

就職力 ＝ 労働意欲 × 自己効力感 × 自分のウリ × 活動量

（will）　（self-efficacy）　（employabilities）　（footwork）

47頁の就職内定の公式と対比して捉えると，「労働意欲」「自己効力感」は［①自分が会社を選ぶ］ための要素であり，「自分のウリ」「活動量」は［②会社に自分が選ばれる］ための鍵になるものです。ガクチカの項目に関して，ES[9]を書く学生から，「自分は授業やゼミもほどほどに出てアルバイトにしか力を入れてこなかったのですが，何をいえばよいのでしょうか」という質問をたびたび受けます。大学生同士の間で経験値の差はほとんどないため，「何を」いうかではなく「いかに」伝えるかがポイントになります。一例として，メニューの食材を生産する農家と連携して農業体験会を開催し，食材の処理や加工などの流通現場を学ぶという体験教育の機会を充実させることで「アルバイトを頑張ったら就活でも評価される」仕組みを確立させたいとする先駆的企業が飲食業界で出現し始めています。

［就活］→［内定獲得］→［自己成長］の流れの中で，1つ目の矢印には経済産業省が2006年から提唱する社会人基礎力[10]（**図表2-3**）が有効とされていますが，内定獲得時に習得した力が自己成長とどう関係しているか（2つ目の矢印）についてはそれほど研究蓄積がありません。つまり，学生のうちに何を学んでおく

9）「志望動機」「自己ＰＲ」と合わせて3大質問の1つである「学生時代に最も力を入れて頑張ったこと」という項目のこと。

10）①前に踏み出す力，②考え抜く力，③チームで働く力の3つの能力は全部で12の要素に分類される。経済産業省が2007年3月に発表した「企業の求める人材像」調査によれば，「主体性」「実行力」「課題発見能力」のポイントが高くなっている。

第2章　いろいろ持っている自分×持たされる仕事内容　　53

図表 2-3　社会人基礎力

〈3つの能力／12の能力要素〉

前に踏み出す力（アクション）	
〜一歩前に踏み出し，失敗しても粘り強く取り組む力〜	
主体性	物事に進んで取り組む力
働きかけ力	他人に働きかけ巻き込む力
実行力	目的を設定し確実に行動する力

考え抜く力（シンキング）	
〜疑問を持ち，考え抜く力〜	
課題発見力	現状を分析し目的や課題を明らかにする力
計画力	課題の解決に向けたプロセスを明らかにし準備する力
創造力	新しい価値を生み出す力

チームで働く力（チームワーク）	
〜多様な人々とともに，目標に向けて協力する力〜	
発信力	自分の意見を分かりやすく伝える力
傾聴力	相手の意見を丁寧に聴く力
柔軟性	意見の違いや立場の違いを理解する力
情況把握力	自分と周囲の人々や物事との関係性を理解する力
規律性	社会のルールや人との約束を守る力
ストレスコントロール力	ストレスの発生源に対応する力

（出所）　経済産業省（2010）。

かではなく，社会でどう学んでいくかを重視し，そのプロセスを着実に遂行できることの方が社会人としての底力になりえるのです。

　一方，労働組合認識やワークルール知識が内定獲得とどのような関係にあるかは大変興味深い点です。例えば，大学生3・4年生（1400名）を対象にした梅崎・上西・南雲・後藤（2015）の調査では，労働組合認識やワークルールの知識と内定獲得との間に明確な関係はないとしています。その理由として，労働組合認識やワークルールの知識自体を持っているが故に，希望する業界が厳選され，慎重な就職活動につながることが内定獲得を困難にするからです。加えて，企業規模と労働組合の有無が正相関であること，および労働組合がある企業ほど労働条件や労働環境についてモニター（監視）機能が働きやすくなるこ

とから，労働条件が上昇する傾向にあります。つまり，労働組合のある企業に対する就活では，労働組合認識やワークルールの知識が内定獲得に正の影響があるとしています。一方，使用者側の状況については，社内教育・研修の人員的・金銭的余裕がないという理由から，大企業よりも中小企業の方がワークルールの知識習得に向けて積極的ではないという報告があります（厚生労働省(2009)）。さまざまな"ゆとり"の欠如が労働問題に対する関心や法令遵守の希薄さにつながっています。

第3節　就職活動をしても分からない限界とは何なのか

◆日本の新規学卒労働市場にはどのような特徴があるか。
◇新規学卒一括採用市場の問題点は何であるか。

▶就職活動と2極化

　採用選考の初期段階において，就職活動は分からないことだらけであり大きな不安を抱える就活生は少なくありません。志望する採用試験で落とされることの方が日常茶飯事であることから，実は不採用活動なのではないかという声すらあります。ES・1次選考・最終選考のさまざまな段階で壁にぶつかり，自己否定・人格否定をされたと錯覚してしばらく立ち直れない状況に陥る学生を何人も見てきました。まず，基本的に不採用の理由がまったく不明な点です（例外的に面接試験後にフィードバックの時間を設けてくれる企業も一部存在します）。お祈りメール[11]とともに伝わるものは喪失感や虚無感だけなのです。そうした逆境に陥った時に「軸」がしっかりしていなければ安易に妥協してしまったりあきらめの感情が芽生えてしまいます。つまり，就職活動に対する動機づけが「軸」になるのです。卒業後に働きに出る目的を明確化し，自分自身で納得しておく必要があると思います。

　日本の学生は就活が始まってからようやく自分のキャリアを考える傾向にあ

---

11)　企業からの不採用通知の俗称。「貴殿のこれからのご活躍をお祈り申し上げます」という文面であることから，祈られメール，お祈りレターと呼ばれることもある。

ります。キャリア意識の軸が形成されていないため，まず説明会，なるべく広くエントリー，ESの書き方の習得，という手順で一律的な就活ブームに乗っかることしかできないのです。キャリア教育はイコール就職活動ではないため，いくらキャリア教育に力を入れようとも日本の学生のキャリア意識が高まらないという本質的な課題が残されたままです。最近では，目的意識を持ちインターンシップやボランティアを通じて早くから自分の方向性や可能性を探るタイプと，ただ漠然と「授業とアルバイト」中心の学生生活を過ごしてしまうタイプに「2極化」しているといわれます。

　筆者の場合は，周囲の大多数のように大学卒業後に一般企業に就職というルートがどうしても納得できないという思いもあり大学院進学を選択しました。そして，大学院時代の経済学や労働法などの専門的な学びを通じて「まずは教歴を積もう」という青写真が次第に見え始め，初職で教職に就くことになりました。筆者にとっての良い会社（職場の学校）の判断基準はしっかりとした組織で経験（教歴）を積めるところだったわけです。何となくで周囲に流されてしまうと後悔を招くことにもなりかねないと考えたからです。

　「就職活動は日本の学生のキャリア形成に悪影響を及ぼしているのか」という議論があります。1人の人生を大きく左右しかねない決断になるため，求職側も求人側も真剣であることはまぎれもない事実です。一説には，結果的に何十社も採用試験に落ちることになる就職ナビサイト[12]の仕組みそのものが社会人になる前に自信をなくして"廃人"になるような人たちを量産しているという論調もあるくらいです。とはいえ，大学生の就職活動において情報は欠かすことができません。下村・堀（2004）によれば，就職サイトの閲覧は就職活動期間の前半に活発化し，就職活動全般を漠然と見通すことはできるものの，上首尾な就職活動とは関係がないと指摘しています。他方，就活生が情報を得にくいとされる中小企業においても，積極的に正確な情報提供を行う企業努力は必要です。たとえば，AIDMAの法則を採用計画に活用する企業が存在しますが，[13]

---

12)　運営する求人情報会社は企業の求人広告で成り立っており，学生が企業にエントリーを出せば出すほど収益が上がるというシステムが背景にある。

13)　A（Attention注意），I（Interest興味），D（Desire欲求），M（Memory記憶），A（Action行動）の各段階を経て，消費者が商品の認知から購買に至るまでのプロセスモデル（マーケテ

図表2-4　採用活動における4種類の企業戦略

		何によって引きつけるか	
		採用リソース・物量	特異性・ユニークさ
誰を引きつけるか	広い ターゲット	① 　アトラクション戦略	② 　差別化戦略
	狭い ターゲット	③ 　集中アトラクション戦略	④ 　差別化集中戦略

① 豊富な採用リソースを用いて多くの求職者を引きつけ，その中の上位者を採用する
② 現有リソースとは異なる独自性を打ち出すことで，多くの求職者の獲得を目指す
③ ①＋学歴フィルター
④ 自社に必要な人材ニッチを細かく定義した上で，それに適合した人材だけを取りにいくニッチ戦略

(出所)　服部 (2015) 33頁を参照。

期待されるような効果は認められていません。モノや情報の急速な氾濫によって消費者 (労働の売り手) が期待する情報の「価値」が変わることは，B to C (組織対個人取引) からB to B (組織対組織取引) へのパラダイム変化により，AIDMAの広告戦略が十分でなくなったとするさまざまな企業事例からも明らかです。

▶採用学

就職活動期間の短縮化に伴い，採用活動の効率化や選考活動の質的向上が従来以上に求められています。採用に関する研究は，欧米では1950年代から産業心理学という分野で進められてきました。採用には求職者との関係をいかに作るかという「リクルートメント」と個人の能力を測る「セレクション」という2側面に分けられます。

採用の各段階において，就活生はいろいろな角度から慎重に見極められることになります。一方，選考の各段階で求職者の重視する要素が変わることが知られています。選考の初期段階では会社や面接官の印象を重要視しますが，後

ィング用語)。

期段階になると総合的評価に判断基準がスライドしていきます。とりわけ、大学時代の活動量が多い学生ほど内定を得やすいことも明らかにされています。さらに、量的なものだけでなく、企業理念や業務内容などの企業の本質を重視する学生ほど成功していることも確認されています。また、企業の採用を科学する研究では、採用面接の評価と入社後の社員のパフォーマンスにそれほど相関がないことも分かっています。採用担当者側の労力時間的負担は相当大きいため、企業と求職者のマッチング（求人と求職、能力、フィーリング）は戦略的に行うことが重要になります（**図表2-4**）。従来の画一的な採用方法に辟易し始めている企業担当者の間で、新しい採用方法が広がっていく可能性があります。現状のような、社会軸（横串）を備えないまま自分軸（縦串）に偏った就職活動にも限界があるということになります。

第4節　就活に関する労働者側×使用者側のホンネ対談

学生A　先輩やOBからは、内定がもらえる人となかなかもらえない人に2極化しているという話をよく聞きます。

人事B　やはり多くの企業から内定を獲得する学生さんは活動量や仕掛りの早さに差があると思います。採用をずっとやっていると、用意周到に準備をしてきた学生さんは瞬時に見分けられます。意気込みや熱意が違います。

学生A　そうですかー。確かに早めの準備が大切というのはサークルの先輩たちからも聞きますが、経団連の倫理憲章の改定で就活スケジュールの変更があって、正直どのくらいの時期から始めてよいか分からないです……。なかなか行動に移せない自分がいます（苦笑）。

人事B　その点については企業側もまったく同情します。学生さんの責任ではないですからね。実際には、倫理憲章破りが大企業を中心にして横行したわけですから、あまり周囲やメディアの情報に踊らされないようにしてほしいですね。

14）　服部（2015）が主宰する、採用に戦略論の発想を持ち込み、科学的アプローチにより問題解決を目指すプロジェクト。

学生A はい。就活に対する不安は尽きないのですが，不安の中にもいくつかの段階があると感じています。

人事B というと？

学生A 最初の頃は何もかもが漠然としていて，はっきりと決まっていないことからくる不安でした。ちょっとずつ周囲が忙しくし始める中でただただ時間だけが過ぎていき，焦りばかりが募っていくといいますか……。

人事B そうですね，誰もが最初はそういう状態になるだろうけど，そこからいち早く脱却して舵を切れるかが大きな分かれ目になりますね。

学生A ええ，それができればいいのですが……。次の段階にくると，就活というのは何が正解なのかがよく分からない中での闘いのように感じられて……。やらなければいけないことが際限なく次々と襲ってくる印象というか……。今はそこが一番不安です。

人事B なるほどね，就職内定を獲得することはゴールではなく，むしろ社会人としてのスタートラインに立つということですからね。あなたのおっしゃる通り，正解・不正解という尺度では測れないものだと思いますよ。仕事についても答えは多様だし，自分で見つけるという意識が大切です。

学生A なるほど，学校とかの試験とビジネス場面は別世界なんですね。

人事B そうだね。就活を行う前の心構えとして，まず就活スケジュールの大まかな流れを早いうちに把握していくおくことが大切です。

学生A 実は～，行きたい業界・職種すらもはっきりと決まっていないのですが……。

人事B それでいいのでは？　就活は全員が初めてのことだし，"分からないことだらけ"であるのは全員に共通することではないでしょうか。私が就活した時は，職種はある程度決まっていたけど業界は決めないまま，いろんな会社を見に行きましたよ。そして，自分なりに情報を蓄積していきました。Aさんも分からないなりにさまざまな情報ツールを駆使して情報収集してみてください。

学生A 情報といってもどこまで集めたらいいのか……。周りの就活生がどの程度集めているかも気になります。

第2章　いろいろ持っている自分×持たされる仕事内容　　59

人事B　それから，身近にいる社会人の方に直接いろいろと聞いてみることもオススメですよ。本格的に就活が始まった後にアドバイスをもらえたり，相談に乗ってもらえる存在がいるととても心強いと思います。大学時代にそういう人的ネットワークづくりができているといいですね。

学生A　そうですね。あと，経済面での不安ですかね。仕送りだけでは厳しいし，就活費用も結構かかると聞いていて心配だったので，2年の後期からはアルバイトのシフトを増やしてもらってきたのですが，結局あまりお金が貯まらないままでして……（苦笑）。

人事B　それも就活生ならではの悩みですね！　例えば，家族からの理解を得て，いざという時には融通してもらえるように，日頃から良好な関係を維持しておくことも大切です。

学生A　ゼミの先輩のお話だと"お祈りメール"だけでなく，"サイレント企業"が結構多いと聞きました。具体的に考えれば考えるほど，精神的な疲労や体力的なものにも耐えられるか不安になってきます。

人事B　サイレントは失礼だと思いますよ。ただ，企業側の立場からいえば，できるだけ予定人数を確保したいという事情もあります。でも，内定辞退や選考辞退が重なり，予定人数が確保できない場合に備えて合否を出さずに，まさに"サイレント"していることもあるんです。

学生A　なるほど！

人事B　1人にお祈りメールを出してしまうと連絡がこない学生はまだ可能性があると思ってしまいますよね？　だから，とりあえずサイレントを決め込むというわけなんです。

学生A　そういう事情だったんですか。

人事B　もちろん，すべての会社がそうというわけではないですけれど。

学生A　これまで，授業や就活に関する本などでマナーやエントリーシートの書き方，面接の受け方などをやってきましたけど，本番でそれができるかな……って，それもまた心配なんですよね。受かるためにはどうしたらいいんだろう？　って考えると気持ちが暗くなります（笑）。

人事B　受かりたい！　内定を採りたい！　という気持ち，よく分かりますよ。

でもね，一番大切なのは，「自分が何を伝えたいかを，自分の言葉で話す」ということです。確かに敬語や面接手順を学ぶのは悪いことではないし，こういう機会を通して社会人の基礎を学ぶことにもなるでしょう。でも，敬語が多少トチっても，うまく回答できないことがあっても，そんなところだけを評価しているわけではないですからね。

学生A ほんとですか？　この間，授業で「こんな学生は落とされる」なんてDVDを見ましたが，あれ，僕はそのままやってしまいそうで……。

人事B ハハハ。弊社の考えですが，敬語や上手な回答なんて，社会人になっていけば自然とできるもの。完成された人間が欲しいわけじゃないのです。そんなことよりも，受かりたい一心で自分の考えや気持ちを会社に合わせて答えてしまって，あとあと後悔することのないように (笑)。

学生A あー，でも受かりたい一心で，会社に合わせるというのは，分かる気がします。

人事B これは実際にあった例で弊社ではないのですが，比較的早く内定が出た学生さんが，その後の内定者研修に来ないということがあってね。どういうことか訳を聞くと，「私が面接で受け答えたのは本当の自分ではありません。このまま入社したら偽りの自分のままで過ごさなくてはならない。それがつらくなってきました」と。この学生はその会社の内定を辞退した……という事例を聞いたことがあります。

学生A ……そういうこともあるのですね。確かに偽りの自分のままでずっとその会社にいるのはつらいだろうな……。

人事B 自分がやってきたこと，やりたいことを「自分の言葉」で伝えて内定した会社は，内定をもらった後も満足度が大きく，入社前研修もすんなりと入れると思いますよ。逆に，そうやっても受からない会社は，そもそも自分に合ってない会社，行かなくてもいい会社かもしれません。企業も学生も，人との付き合いの延長。相性なのですから。

学生A なるほど……。そういわれると気持ちが楽になってきました (笑)。だから自分のことと併せて企業のことをもっとよく知っていく。情報を集めていくことが大事ということなんですね。

第2章　いろいろ持っている自分×持たされる仕事内容　　61

人事B　そういうこと！

学生A　ところで，内定を採った先輩から聞いたのですが，内定後も入社前研修が2週間に1度くらいあるそうで，卒論執筆の時間が取られて大変だと聞きました。やはり御社でも同じように研修があるのでしょうか？

人事B　はい，弊社も年明けからはそのくらいの頻度でやっていますね。

学生A　私の場合，卒論と研修をうまく両立できるか自信がありません。例えば，研修の欠席回数が多かったりすると内定が取り消されたりするのでしょうか。

人事B　いやいや，それはないです（笑）。大学生の新卒採用の場合，内定期間中も内定者は学業がありますから，学業への支障のない範囲内で実施するようにしています。それほど心配はいりませんよ。もし心配であれば，事前に人事に状況を話しておいてくれると助かりますね。そうすれば私たち会社側も配慮がしやすいですし，スケジュールを組むのに参考になりますからね。

学生A　そうですか。何となくそういうのを伝えるのはわがままな気がしまして（笑）。

人事B　内定期間中は人事の方とはできるだけコミュニケーションを取れるようにしておくといいと思いますよ。入社前は誰もが不安ですし，内定者同士も知らない人ばかりのことが多いですものね。もちろん友達ではないので，お互いに礼儀や最低限の常識をわきまえることは必要ですが，不安を抱えるよりはそれを話してほしいですね。会社としても内定辞退を避ける意味もあるんですよ。

学生A　なるほど……。そういうお話が聞けて少し安心しました。

DISCUSSION

学生Aと人事Bとの「就活」に関する会話の中で，気になる箇所や共感できる箇所についてチェックしてみよう（話し合ってみよう）。また，学生Aを自分自身に置き換えるとどのような不安があるのかを列挙してみよう。

《考えるの巻》

第3章　不安だらけの自分×グレーだらけの就労現場

第1節　職業キャリアを継続させる中で本当に希望が持てるのか

◆キャリアに対する主観的効果と客観的効果にはどのようなものがあるか。
◇女性の働く現場はどのように変化してきたか。

▶女性が活躍する社会

昨今，女性管理職比率の高まりは真に女性が活躍している社会であるかのバロメーターとされます。厚生労働省『平成24年度雇用均等基本調査』(2013年)によれば，おおよそ3割の企業は女性の能力発揮促進のために自主的かつ積極的な取り組み（ポジティブ・アクション）を行っています。従業員5000人以上の企業の7割，1000人以上5000人未満の企業の6割というように，企業規模が大きくなるほどポジティブ・アクションに積極的な傾向が見られることが広く知られています。なかでも，「女性の継続就業に関する支援」が最も実施割合が高く，「女性のモチベーションや職業意識を高めるための研修機会の付与」「公正・透明な人事管理制度，評価制度の構築」と続きます。女性の活躍支援といえば両立支援（care）に重きを置かれがちですが，女性の管理職比率や職域の拡大のためにはもう一方で均等性（fair）を確保する必要があります（雨宮(2007)）。両立支援と均等性は二者択一の関係性ではなく，両者が揃うことでWLBの推進が可能になる面もあります。従来，フルタイムの仕事をしている日本女性は子どもを持つことを展望しづらくする長時間労働，残業等の雇用慣行の縛りが強くありませんでした。

仕事か家庭かどちらか一方を選択するような働き方や長時間労働を迫られる

職場では，結婚や子育てへの希望が湧かず，少子化への歯止めになりません。充実した豊かな人生を実現するために，個人にとってのcareを考え，社会全体にとってのfairを真剣に考えていく必要があります。

　女性が希望に応じて十分に能力を発揮し，活躍できる環境の整備（女性活躍推進法[1]）が進む一方で，男性の働き方も同時に検討していく必要があります。経営スリム化を推し進めてきた企業は正社員数を限界まで絞り込んできました。仕事の一部がパートアルバイトや派遣企業に代替されましたが，正社員1人あたりの業務量も増えている実態があります。例として，管理職が一般社員の仕事を兼務するプレイングマネジャー[2]が増えています。所定内労働時間でマネジメント業務を行い，自分の担当業務は残業時間でこなす場合が少なくありません。つまり，男性が管理職の多くを占める現状を考えれば，男性正社員の残業時間を減らしていかなければ，働くことを希望する女性の就業促進は見込めません。

　例えば，男性職の強い職場に飛び込むことを厭わない女性がいたとしましょう。実際のキャリア・カウンセリング場面では，キャリア・カウンセラーはクライアント（来談者）の状況によりアプローチ方法を選択します。現状維持による課題解決が困難だと思われる場合には，個人の努力により問題解決を図る場合（プログレッシブ・アプローチ[3]）もあれば，個人の問題とせずに社会や集団（組織）の問題へと意識変革を行う場合（ラディカル・アプローチ[4]）もあります。前者のような「自らを変える」気持ちや後者のような「社会を変える」気持ちを尊重することができる環境を整備することがcareとfairを維持していくためには重要になります。個人要因と社会環境要因の両方の影響を受けざるをえない人生において，各自のタイミングは多様です。継続就業支援はキャリア支援と合わ

---

1) 労働者301人以上の大企業は，女性の活躍推進に向けた行動計画の策定が新たに義務づけられた（2016年4月1日施行）。

2) 野球の選手兼任監督のような部下の育成・指導を行うマネジャーとしての役割と自分の担当業務であるプレーヤーとしての役割を共に担うポジションのこと。

3) 個人の変化（自助努力）によって適応を促進しようとする考え方であり，教育訓練の受講が一例である。児美川（2007）では，現状のキャリア教育政策は若年就労問題に対して若者に自立と挑戦を促すだけで構造的な雇用問題の解決に目を向けていないことを批判している。

4) 社会に変革を求めようとする考え方であり，現在のキャリア教育ではそれほど積極的に取り扱われてはいない。

さることで効力を発揮します。職場の男女均等支援や仕事と育児の両立支援が十分でない場合，働く女性は往々にして補助的な職種や分野で，時短勤務を利用して働くようなキャリアを選ばざるをえません。結果的に，不本意ながら出世コースから外れたマミートラック[5]に乗ってしまうことが少なくないのが現状です。実際，派遣労働者には本意型と不本意型が存在します。確かに，不本意型にとって，より安定した雇用を実現することは労働者個人だけでなく社会全体の視点からも望ましいことといえます。

▶希望に対する主観的効果

　一例として，女子大学生と就業継続に関する意識の調査結果を見てみましょう。筆者が実施した2014年学生調査[6]から，女子学生の「自分の将来に対する希望（5件法）」について集計したものです。「かなり持っている」＋「少し持っている」を「希望あり」，「ほとんど持っていない」＋「まったく持っていない」＋「どちらでもない」を「希望なし」と分類して，とりあえず志向の程度を調べたところ，希望の有無にかかわらず，学生全体の約6割（58.7％）が「とりあえず定職につきたい」という意識を持っている実態が見えてきました。将来の希望というきわめて主観的な自己評価軸を持つことが，「とりあえず」という行動特性を介して，幸福感や日々の充足感を向上させていく可能性を高めるという結果は幸福のパラドックス[7]に通じるものと解釈できます。

　図表3-1からも，自己キャリアへの希望には親や家族をはじめ，人生のロールモデルの存在の影響が大きいことが明らかです（＊印の数で統計的な有意性を示しています）。同様に，継続就業意思が自己キャリアに対する希望に正効果を与えていることから（図表中の網掛け箇所），社会参加をして上司や同僚との

5）　子どもを持つ女性の働き方の1つで，仕事と子育ての両立はできるものの昇進・昇格とは縁遠いキャリアコースのこと。

6）　本調査は2014年6～10月に東京都内の4年制大学に在学する19～22歳の女子学生を対象に自記式の集合調査法により実施した。いわゆる「ゆとり世代」（2016年現在，18歳から27歳までの世代）の学生である。配布数450，有効回答数433（有効回答率96.2％）である。質問項目は，将来の希望進路やキャリア選択に関する意識が中心であり，就労観や進路選択意識について9問，人生観やキャリア観について13問である。

7）　所得の絶対水準の向上が必ずしも幸福感や満足度の上昇に結びつかないという矛盾のこと。

図表3-1　女子学生のライフコース（自己キャリアへの希望）に関する主観的効果

独立変数	親との同居	安定志向	正社員志望	労働への逼迫度	とりあえず志向	人生のプライド	人生の転機	ロールモデル	継続就業意思
限界効果	0.378**	-0.272**	-0.018	-0.043	-0.085	-0.145*	-0.070	0.239**	0.002*
p値	0.000	0.000	0.805	0.464	0.185	0.041	0.382	0.000	0.051

（注）　1：限界効果の符号が正であり，かつ，数値のすぐ右横の*，**という印が付されている場合，その独立変数の項目に該当する個人は自己キャリアに対する希望を持つと答える確率が明らかに高いことを意味します。
　　　　2：サンプル数は433，自由度調整済決定係数は0.213。

つながりを大切にする姿勢が，将来の自分を前向きに考えるための基盤になるという主張ができます。いい換えれば，働き方の選択肢を増やせば増やすほど，優秀な人材が会社に定着する可能性が高まると考えることができます。さらにいえば，働き続けるためには法整備の拡充により，継続就業意思を高めることが可能になれば，将来の自己キャリアに対する希望を保持しやすくなるという知見を導き出すことができるのです。玄田（2010）では，仕事をすることが希望を持つ鍵になると指摘しています。仕事を通じて希望の実現に必要な所得が得られるだけでなく，自分のやりたかったことが実現する場合もあるからです。

第2節　休日出勤サービス残業＝当たり前は"ブラック"といえるのか

◆ブラック企業に有効な心理的要因にはどのようなものがあるのか。
◇会社における法令遵守はどのようになっているか。

▶コーポレート・ガバナンス[8]

かつて，「企業は誰のものか，誰のためのものか」という議論が盛んに行われました。バブル期の頃，企業は芸術・文化の支援活動や福祉などに対する慈善活動（フィランソロピー）として資金提供を盛んに行ってきましたが，バブル崩壊とともに先細りしていきました。一方，労働基準法に違反し，劣悪な労働

8）　企業が不祥事を起こしたり，株主などの利益を損ねないように企業経営を監視すること。「企業統治」ともいう。

環境で働かせる企業は昔から存在し，有名大企業でも珍しくありませんでした。上司が出社する前に出勤し，上司が退社した後に退社するという働き方が未だに評価される面があります。2000年に入り，労働基準監督署の厳しい指導により，多くの企業でサービス残業は是正されてきました。深夜時間帯の残業が常態化すると企業の人件費は増えます。サービス残業は本来，違法行為として許されないことですが，実態はタイムカードを押した後も仕事をしている職場では，「そうしなければ白い目で見られる」「会社のために自分の意思でやっている」という意見が多く，長きにわたって受け継がれてきたのです（序列社会性）。このように，ものがいえない職場風土で業務が進めば，かばい合いが行われ不正の温床になります。サービス残業は単に未払い残業の問題ではなくコンプライアンス[9]の問題として職場風土の改善が求められます。そのためにはトップがコンプライアンスを徹底する姿勢を明らかにし，自らの日常の行動で示していかなければなりません。トップの意思と行動は社員に絶対的な影響を及ぼしうるからです。

〈コンプライアンスの利点〉

(1) 商品やサービスの欠陥，業務中の環境汚染，社員の人権侵害に関するリスクを組織的，体系的に軽減となる（経営リスクの軽減）

(2) 法律違反の回避にとどまらず，法律よりも高い基準である社会的倫理を追求するので働きがいのある職場となる（良質な社員の確保）

(3) 企業の持続的発展のために必要な社会的評価が得られやすくなる（ブランド力の向上）

▶社内における働くルール

働き方と情報の流れには密接な関係があります。さらに，情報の経路は脈々と続いてきた職場風土・企業の伝統文化と深く結びついています。したがって，働くルールを見直すだけでは不十分であり，風土・伝統を最も理解する経験豊

---

9) コーポレート・ガバナンスの基本原理の1つ。法律だけでなく社会規範や企業倫理を遵守（じゅんしゅ）すること。

かな経営陣が率先して動くことが重要になります。仕事量と人材配置のバランスも大切です。仮に，仕事量の極端なピークがあるため長時間残業を必要とする部門があったとしましょう。一方，すぐ隣に仕事は似通っていながら皆定時に帰っている部署があります。こうした2つの組織の仕事の境目や人員配置を流動化するだけで業務量と長時間労働の偏りはかなり減らせます。「昔誰かが決めた」ことだけが現状の説明になっている組織とそれに伴う業務の硬直性を見直すことは重要です。

　パワハラの場合，適切な指導や指示と行き過ぎの見極めは難しいものです。最後は受け手の感性に委ねられます。それ故，普段からのコミュニケーションが重要になり，職場の雰囲気や風通しの良さがハラスメントの予防になるのです。

　　〈風通しをよくする4つのポイント〉
　(1)　お互いを名前や愛称で呼び合う（「派遣さん」「バイトくん」はNG）
　(2)　きちんと目を見て挨拶する
　(2)　褒める
　(4)　感謝の気持ちをその場で伝える

　自分に任されるさまざまな業務は，期待に基づいた責任と義務であると心得て，積極的・主体的に取り組む必要があります。そうすることで仕事の面白味が次第に増してくるものです。

▶自己認知と会社認知

　　〈ブラックに染まりやすいNG思考〉
「自分がいなければ仕事は回らない」
「休んで周囲に迷惑をかけてはいけない」
「年次有給休暇は消化しないことが美徳」
「男性で育児や介護のための休業を取るのは恥ずかしい」

　上記は，いずれもこれからの時代ではますます通用しなくなっていくのでし

70　　《考えるの巻》

ょうか。「自分がいなくてもやっていける」という意識は自己認知と不協和を起こし，この認知的不協和[10]を生じたくないという意識が奴隷状態へ駆り立てるのです（和田（2015））。ですから，労働者側も「自分がいないと回っていかない」というような誤った考え方や認知のゆがみを見直しておく必要があります。仮に，自分がそれほどの人物であるならば，すでに自分なしで回していけるような職場環境が構築できていてもおかしくはありません。日々の業務に追われ，心の余裕がなくなると考え方やものの見方が狭まりがちになります（心理的視野狭窄[11]）。思い込みが激しい性格の人は物事を二者択一に捉えがち（二分割思考[12]）であり，何かに行き詰まると「（残された方の）この道しか残されてない」と投げやりな感情に陥りやすくなる傾向があります。実直で人に対して猜疑心を持たない点や初志貫徹を良かれと考える傾向が強いのは日本人の国民性かもしれません。特に，正義感が強い"頑張り屋さん"な人ほど，悪質性の高い企業や御用組合（使用者側が実権を握っている労働組合）に当たってしまった時のリスクは高まります。

　よく耳にする話の1つに，サービス残業や名ばかり管理職[13]の問題にまともに対応していたら会社はつぶれてしまうという議論があります。しかし，その議論は2段階の構成であって，そもそもいくらの絶対額を支払うのかという前に，きちんとルールに従って合法的に支払ったかという点の方が肝心なのです。名ばかり管理職の問題では，本当は過労死寸前の長時間労働を強いられていることが問題であるにもかかわらず，いつの間にか残業代の不払いという問題にすり替わってしまったところが本質を見えづらくし，さまざまな矛盾を生じているのです。しかし，いかなる状況であっても最低限の基本ルールは常に担保されなければなりません。

---

10)　人が自身の中で矛盾する認知を同時に抱えた状態やその時の不快感のことである＜社会心理学用語＞。
11)　心の痛みともいわれ，うつ病や引きこもりの危険因子とされる。
12)　目の前の物事に対して，白と黒の2つの可能性しか考えられない思考のこと。
13)　企業の意図から生じる実態のない管理職のこと。従業員に呼称上「店長」などの肩書きを与えて，労働基準法上で労働時間管理の規制外となる管理・監督者を装い，彼らを残業手当の支払い対象から除外する。

第3節　働く最低基準は本当に会社で守られているのか

◆現行の労働法制度の運用実態はどうであるか。
◇労使ともに求められる働く上での基本ルールとは何であるか。

▶ブラックバイトの実態

　2008年のリーマンショック前までは，大企業では新卒の一括採用・長期雇用システムが機能していたため，女子学生や高齢者への差別是正などを除けば，中小企業に最低労働基準を遵守させることに主眼が置かれてきました。しかし，リーマンショック以降，企業規模とは無関係に社員に劣悪な過重労働を強いるブラック企業が顕在化してきたといわれています。中には「わが社はお客様にサービスを提供するだからサービス残業は当たり前だ」「残業は発生しないはずなので残業代は払えない」という笑い話ですまされない相談を実際に学生から受けたことがあります。大学全入時代を迎え，高校求人数の減少と大学進学率の上昇を背景に，低所得者世帯の子どもも大学に進学しやすくなりました。

　一方，大学生の家計は近年厳しさを増しており，奨学金受給率は5割を超えています。景気の先行きが不透明な上，高齢の親も増えており仕送り額を減らさざるをえない状況にあるのです。現在の大学生はアルバイト代の一部を学費に回したり，将来の借金である奨学金返済のために備えなければならず，たとえブラックバイトを強いられる状況であっても，早々に辞めることにより経済的なリスクを負うことさえも許されないような構図になっています。例えば，母子家庭で奨学金を借りながら通学している学生は辞めたいと思いながら働き続けた結果，おかしいことに対して辞めたいという感情さえ薄らいでいったと証言しています。その背景として，フリーターの急増により，フリーターと学

---

14)　JILPTの調査によれば，正社員については「長期雇用は維持すべきだ」という考え方に，「どちらかというと」を含めて賛成の企業が80.2％，「非正社員もできる限り長く雇用することのメリットがある」との回答が66.8％に上る。

15)　日本学生支援機構（2012年度）の調査結果によれば，大学生の52.5％が奨学金を受給しており，10年前に比べて21.3ポイント増であり，返済義務のない給付型よりも貸与型が多くなっている。

72　《考えるの巻》

生アルバイトとの競合が起こっていることが考えられます。

2016年1月，厚生労働省は文部科学省と連携して，学生アルバイトの多い業界団体に対し労働基準関係法令の遵守の他，シフト設定などの課題解決に向けた自主的な点検の実施を要請しました。これらの要請は「大学生等に対するアルバイトに関する意識等調査」[16]（2015年8～9月）の調査結果を踏まえ，学生アルバイトの労働条件の確保に向けた取り組み強化の一環として行われたものです。ブラックバイトが高校生や大学生の教育を受ける権利（憲法第16条）を奪っている現実は看過できず，大学生などに対する労働基準関係法令の周知・啓発や相談への的確な対応など，学生アルバイトの労働条件の確保に向けた取り組みの強化に向けた動きは望ましいことです。若手社員や学生に対しては，労働者として保障される権利（**図表3-2**）と同時に働き手として守るべき義務（**図表3-3**）を周知徹底する必要があると思います。ブラック企業対策として，権利の側面を教えることと義務の側面をバランスよく指導する方法が大切です。労働法は[17]地位や立場に関係なく雇われて働く人に平等に適用されるものです。他方で，当事者である労働者側が守るべき義務というものがあります。それは労働契約法上の「労務の提供」です。しかし，ただ単に出勤して働いていればよいというわけではありません。指定された始業時刻に遅れてくることや合理的な理由なしに就業場所や職務の内容についての指示を守らないことなどは義務の不履行になります。**図表3-3**に示した「働く上での基本動作」は，社会人なら当然に遵守できていなければ業務に支障をきたす可能性が出てくるものばかりです。その他，職務専念義務[18]や安全配慮義務[19]や秘密保持義務[20]や競合避止義務[21]など

---

16) 「労働条件の明示が適切になされなかった」「準備や片付けの時間に賃金が支払われなかった」などの労働基準関係法令違反のおそれがある回答。それ以外に「採用時に合意した以上のシフトを入れられた」「試験期間にシフトを入れられた」などの学業とアルバイトの適切な両立への影響が疑われるものも目立った。

17) 行動経済学という分野では，歴代の芥川賞や直木賞の受賞者をサンプルとした社会的地位の健康効果（余命への影響）に関する大竹（2015）の研究があり，両賞で異なる効果を発見している。経済的基盤や社会的地位が脆弱な比較的若い時期に授与される芥川賞はプラス効果（+3.3年）に対し，直木賞は3.3年縮むことから，比較的若い時期の名誉が長寿につながると考えられている。

18) 「勤務中には職務に専念しなければならないと」いう労働者に対する義務のことであり，国家公務員法・地方公務員法や一般企業の就業規則で規定されている。

19) 労働者の生命・身体が業務上の危険から守られるよう配慮しなければならないという義務。

図表 3 - 2　働く上での基本ルール

働くルールの基本		働くルールはすべて労働者のもの	
働くルールは国の最高法規＝憲法に根拠があります		人間らしく生き，働くための労働条件をすべての労働者に保障するために，労働者保護法が定められています	
【日本国憲法】（抜粋）		【労働基準法】（抜粋）	
第11条（基本的人権） 国民は，すべての基本的人権の享有を妨げられない。この憲法が国民に保障する基本的人権は侵すことのできない永久の権利として，現在及び将来の国民に与えられる。 **第13条（個人の尊重）** すべての国民は，個人として尊重される。生命，自由及び幸福追求に対する国民の権利については，公共の福祉に反しない限り，立法その他の国政の上で，最大の尊重を必要とする。 第25条（生存権）すべての国民は，健康で文化的な最低限度の生活を営む権利を有する。	**第27条（勤労の権利義務，勤労条件の基準）** すべての国民は，勤労の権利を有し，義務を負う。賃金，就業時間，休息その他の勤労条件に関する基準は，法律でこれを定める。 第28条（団結権，団体交渉権，団体行動権）勤労者の団結する権利及び団体交渉その他の団体行動をする権利はこれを保障する。	**第1条（労働条件）** 労働条件は，労働者が人たるに値する生活を営むための必要を充たすものでなければならない。 **第34条（休憩）** 使用者は，労働時間が6時間を超える場合において少なくとも45分，8時間を超える場合においては少なくとも1時間の休憩時間を労働時間の途中に与えなければならない **第36条（時間外及び休日の労働）** 使用者は，当該事業場に労働者の過半数で組織する労働組合がある場合においてはその労働組合，労働者の過半数で組織する労働組合がない場合においては労働者の過半数を代表する者との書面による協定（36協定）をし，これを行政官庁に届けた場合においては，（中略）その協定で定めるところによって労働時間を延長し，又は休日に労働させることができる。	**第32条（労働時間）** 使用者は，労働者に休憩時間を除き1週間について40時間を超えて労働させてはならない。 　使用者は1週間の各日については労働者に休憩時間を除き1日について8時間を超えて労働させてはならない。

も労働者側の労働義務に含まれます。

　例えば，大学と協定を結んでインターンシップをしている受け入れ企業があ

　　2008年施行の労働契約法において，労働契約上の付随的義務として当然に使用者が義務を追うことが明示されている。

20)　使用者の営業上の秘密を保持しなければならないという義務。

21)　使用者の利益に反するような競業行為をしてはいけないという義務。

《考えるの巻》

図表 3 - 3　働く上での基本動作

働く上でのマナー	仕事のほう・れん・そう
マナーとは相手の立場になって考え，その人が不快に感じることをしないの心配りのことです	「報告」「連絡」「相談」は社会人の基本です。会社では上司や先輩，同僚と連携を取りながら仕事を進める
【笑顔で挨拶】（あかるく・いつでも・さきに・つづけて） 気持ちの良いあいさつを自分から行う	【報告】 指示された仕事の経過・結果を上司へ報告する
【身だしなみ】 見た目の印象で損をしないように気をつける	【連絡】 仕事の変更点や注意事項などの情報の共有をするため，自分の意見を入れずに関係者へ連絡する
【時間や約束を守る】 出勤時間や仕事の期限，会社のルールを守ることは基本中の基本	【相談】 自分が判断に迷う時に上司や先輩に意見を聞く

〈社会人としての NG 行動〉
【公私混同しない】
備品を持ち帰ったり，経費で落ちるからといって私的に使用してはならない
【仕事中の携帯電話 PC の私的使用】
仕事中に頻繁にメールを見たり，私的な電話をしない。PC も必要以上にアクセスしない
【情報セキュリティー】
机の上に書類等を置きっぱなしにしない。会社の重要な情報を社外で話さない
【会社の信用損失】
不適切な SNS 投稿など，会社の顔という自覚を持つ

るとします。インターンシップ参加にあたっては，学生に対し秘密保持に関する誓約書の提出が求められるのが一般的です。にもかかわらず，インターン参加学生が「みん就[22]」のような情報交換サイトにプログラム内容やレポート課題，担当社員の個人情報まで投稿しているのが発覚し，情報漏えいの問題になったケースがあります。

　また，自分の健康管理をするということは，使用者に対する義務でもあるといえます。健康に気を配りたくても企業側の働かせ方によって叶わなくなることがあることからも，企業側の働かせ方の問題は労働者側にとっての働き方の問題でもあるのです。ブラック企業が存続する理由は，辞めない正社員が存在

---

22)　就職活動中の学生たちが情報交換する掲示板などが閲覧できるクチコミ就職サイト。「みんなの就職活動日記」。

するからです。確かに，苦労して得た正社員のポストを手放すには勇気がいりますし，せめて"石の上にも三年"で無理をしてでも続けようとする人の気持ちも分かります。しかし，労働の需要と供給のバランスで考えると，辞めないことが分かっている社員の待遇をわざわざ改善する必要性はなくなります。いわゆる「使い切り型」のブラック企業と呼ばれるものが横行している所以です。

▶隠れブラック企業の存在

　かつて筆者も学校関係で勤務していた時に労基署のガサ入れ（立ち入り調査）が入ったことがありました。長時間にわたるサービス残業（固定残業代）に関して内部告発した者が学校内部にいたからです。そして，労基署からの是正勧告[23]（行政指導）を受けて，残業時間の削減や不払い賃金の見直しが行われ，目に見える形で改善されていった時，改めて労働者は法的に守られていると実感できた瞬間でした。その意味で，働くルールの理解は実体験から出発するのが最も良いのかもしれません。しかし，正直なところ，当事者でもある筆者にはブラック企業という認識はほとんどありませんでした。つまり，本当の意味でブラックであるか否かは，働く本人の考え方によって決まる部分があります。筆者の場合，初職であり教員養成の期間でもあり，先輩教員のスキルや学生対応の仕方を学べる好機だという考え方が根底にあったため，居心地の悪いところではなかったことも事実です。ブラック企業を擁護するつもりはありませんが，働く人の考え方や捉え方次第でブラック企業であるかの自己判断は変わってくるのです。学校側としては指導された内容を改善した上で，期日までに労基署に改善報告書を提出したまでのことですが，労働問題の当事者として実際の交渉に当たる経験は，労働者の権利保障の意識化にとって大切なことだと思います。

　これほどまでブラック企業という言葉が浸透してくると，以前のようにあからさまに報酬を搾取し続けたり，パワハラ・セクハラが当たり前のようなブラック企業は目立たなくなったといわれます。代わりに，保険の未加入や賃金の巧妙なカット，試用期間で雇用した社員に対する解雇を繰り返すことで人件費

23）　不正行為を告発した者が不利益を被らないよう，内部告発者を保護する法律として公益通報者保護法がある。

を削減しながら会社を維持させるなどといった社会の批判の矢面には立ちにくい形で法令違反を繰り返す「隠れブラック企業」はもっと悪質かもしれません。

当然ながら、わが国では解雇権濫用法理という厳しい解雇規制があります。特に、中小企業では本来できないはずの不当な解雇が横行している実態があります。2015年9月に若年雇用促進法（129頁の**図表6-4参照**）が成立し、違法な長時間労働などの法令違反を1年間に2回以上繰り返し、是正されていない企業は国のハローワークが新卒求人を受けつけなくてもよいことになっています。

とはいえ、万一自分の職場がブラック企業だと分かったなら、即座に行動に移すべきでしょう。その場に居残って労使交渉に持ち込むには相当な時間とエネルギーを要しますし、結果的に多少の保障がなされたとしても辞めざるをえなくなる場合が多いからです。要するに、"逃げた者勝ち"なのです。そうした企業は辞めた人まで追ってくることはありませんので、いざとなれば辞表を郵送し出社することを拒否すれば物理的にいつでも辞めることができます。「一度ブラック企業に入ってしまうとなかなか辞められない」というイメージは確かにありますが、見切りをつけずその会社に居残っていることは結果的に大きなダメージ（自死やうつ病など）を受けることにもなりかねません。

第4節　労働時間に関する労働者側×使用者側のホンネ対談

学生A　最近、急にアルバイトを辞めてしまった後輩がいて、その分のシフトを無理やり入れられてちょっと寝不足です。

人事B　普段はどれくらい入っているのかな？

学生A　土日のフルと平日は夕方から2日の週4なんですけど、今週は金曜日も入れられたので4連勤です。

人事B　体力的に問題はないの？

学生A　いえ、だいぶヤバイです。最近、ブラック企業とか過労死の問題をニュースや報道でやっているじゃないですかー。

24）　合理的かつ論理的な理由が存在しなければ解雇できないというルール。Cf. [整理解雇の4要素] ①人員削減の必要性、②解雇回避の努力、③人選の妥当性、④解雇手続きの妥当性。

人事B　そうだね。

学生A　ウチも絶対にブラックだと思うんですけど。

人事B　さっき，一方的にシフトを変更させられたっていったけど，よくあるのかな？

学生A　はい，ウチはしょっちゅうですよ。ですから，入れ替わりも結構激しいですし。私はシフトリーダーを任されているので辞めづらくてズルズルときてしまったという感じです。社会に出るとそんな会社ばかりなのでしょうか？

人事B　そんなことはないと思うよ。社会人は学生アルバイト以上に責任のある仕事を抱えています。ですから，連日長時間の勤務が続くと疲労の蓄積でいとも簡単に身体や心がおかしくなってしまいます。もちろん，弊社ではきちんと法律に沿って皆さん働いていますよ！

学生A　そうですよね。それが当たり前ですよね。ウチのところは学生アルバイトを100円バッテリーくらいにしか思っていないような扱いなんです。

人事B　え，そんなにひどいの？　きちんと休憩はもらっているの？

学生A　さすがにフルで入る時はもらっていますけど，シフト管理や電話番をしながらという感じですね。平日夕方5時から入る時は忙しすぎて11時すぎまでぶっ通しということも結構ザラですね〜。

人事B　ということは，6時間を超えてぶっ通しという計算になるね。それは違法行為だね。労働基準法違反！

学生A　えっ，そうなんですかー？

人事B　きちんとアルバイト先にいった方がいいんじゃないかなぁ〜。

学生A　そ，そうかもしれませんが……たとえそうでも私がしっかり休憩を取っていると本当にお店が回らなくなるので……土日はお昼過ぎから最後の後片づけまで10時間ぶっ通しということも結構ありますねー。

人事B　明らかに労働基準法違反だな。で，残業代とかはきちんとついているの？

学生A　そこは大丈夫です。でも，私はまだ若いですし体力的にもついていけるので何とか続けられていますが……こんな業界で一生の仕事をするなんて

ありえないですね（苦笑）。

人事B　労働トラブルについては最近よくメディアで取り上げられているし労基署の監視も厳しくなっているので，そのような会社は徐々に淘汰されていくんだろうね。若い学生さんなら割増賃金が長時間労働へのインセンティブになっている面もあるかもしれないね。

学生A　そうですね。親からの仕送りだけではほとんど自由に使えるお金は残りませんから。

人事B　弊社では労働者の命や健康については十分に配慮していて，サマータイムやノー残業デイを定期的にやっていますよ。普通の会社であればそのくらいのことはしっかりと徹底されているはずですよ。

学生A　そうなんですか。じゃあ，少し安心しました。でも，繁忙期とか，時期によってはそうもいっていられないですよね。残業漬けの毎日なんて考えたくないなー。

人事B　もちろん，たいていの社員は何かしらの我慢をしながら働いています。基本的に労働者側が黙っていれば会社側としては特に何もしないというスタンスのところが多いと思います。問題がないから黙っているという判断になりますからね。

学生A　世知辛いですね。なんか，会社って労働者に冷たくないですかー??

人事B　いや，正直なところ，そもそも残業をする意識で働いているから，効率が悪かったりする人が結構いるんだよねー。

学生A　じゃあ，それは労働者の自己責任ということですか?

人事B　ん～，あまり大きな声では言えないんだけど内心はあるよね。実際，パートやアルバイトの人数が不足していても人件費を増やせないから，なかなか増員もできないというところが多いんじゃないかな。

学生A　私は，シフトリーダーとしてアルバイトを回してきた経験がありますので，リーダーシップを発揮して周りの同期をリードしてバリバリやっていきたいです!

人事B　その心意気はいいね（笑）。でも，どこの会社であっても社員として入ってみると身にしみて分かると思うよ，自分の無力さ加減を……。

第3章　不安だらけの自分×グレーだらけの就労現場　　79

学生A そうかもしれませんが，自分の限界というところまで一度やってみたいです。

人事B 労働時間の管理ができている会社ならいいけど，できていない会社では，「まだ自分には限界ではない」「他の人も頑張っているから」とやっていった結果，自死やうつなどの精神疾患になってしまう人もいるんだよね。だから労働法の正しい知識が必要なんだ。

学生A 私だったら大丈夫です！

人事B 学生アルバイトだったら辞めるのはそれほど難しくないけど，正社員としていったん就職すると，辞めるのはそう簡単なことじゃないですよ。

学生A それはなぜですか？

人事B 学生アルバイトもそういうことはあると思いますが，正社員の場合はその仕事が自分しかできないものもあったりもします。アルバイトだと，それを監督する人がいるけど，正社員だと自分で積極的に仕事をしていくことが求められるわけだから仕事の責任も違いますしね。それに，仕事の引継ぎだけじゃなく，退職届を出して受理してもらい，本当に退職手続が始まるまでの間に，職場で強い引き留めにあって退職をさせてもらえない……というトラブルも聞きます。入社も同じですが，正社員を雇うことは，アルバイトを雇うこと以上に手続きも複雑なので，入社・退職の手続は時間がかかるものなんですよ。

学生A なるほど。だからこそ慎重に仕事選び，会社選びをしなくてはならないということですね

人事B そういうことです！

DISCUSSION
学生Aと人事Bとの「労働時間」に関する会話の中で，気になる箇所や共感できる箇所についてチェックしてみよう（話し合ってみよう）。また，学生Aを自分自身に置き換えて，これまでのアルバイトやインターンシップなどの就労経験を振り返ってみよう。

第4章　自分にとっての常識×会社の中での非常識

第1節　売上高はお客様からの"有難う"の通信簿ですって

◆会社や社会に対する貢献とはどのようなものを指すのか。
◇学生と社会人との違いは何であるか。

▶売上における常識

　企業は高い社会性に加えて，利益（売上）を上げていかなければ永続すべき存在（ゴーイングコンサーン）として生き残ることはできません。企業は売上によって得たお金を取引先や社員，銀行，公共サービス（税金）で分け合い，最後の残り分が投資家（株主）に振り分けられます。顧客には製品やサービスに込めた競争力のある価値を提供することにより，良い評価を得ることで売上と収入の源泉としていきます。また，世界的に重視されているCSR（Corporate Social Responsibility；企業の社会的責任）[1]を果たし，企業が外部に開かれた存在となるよう努めなければなりません。地球環境を守り，地域の雇用機会を増やし，さまざまな社会貢献を行っていくことも企業の使命です。

　仕事そのものを最終目的と考えてしまうと，人生に潤いがなく面白味に欠けてしまいます。組織に入り一定業務に携わるようになると必然的に何らかの義務や責任を負うことになります。実際の仕事は必ずしも面白いことばかりではありません，むしろ，給料を受け取る立場になり辛抱が必要な場合も出てきます。辛抱して初めて分かるという場面が筆者自身にも少なからずありました。

1）　企業が利益を追求するだけでなく，組織活動が社会へ与える影響に責任を持ち，あらゆるステークホルダー（利害関係者）からの要求に対して適切な意思決定を行う責任や使命のこと。

▶会社における常識

通常，仕事や業務には期限が存在します。期限が過ぎれば効用が半減することもあれば，極端な場合には成果はゼロになります。顧客や上司の不信を買ってマイナスとなることさえあります。"巧遅拙速" という言葉の通り，いくら完成度が高くても期限を過ぎてしまうと，ゼロ以下という評価になってしまうことは社会人の常識といえます。

仕事には常に数字がついて回ります。日頃から数値感覚を持っておかなければなりません。売上やコスト，仕事量の効率や目標達成度などです。仕事は単にお金や社会的評価を得るための手段でも人生の最終目的でもありません。むしろ，仕事は自己実現のための意義あるプロセスであり，お金や評価はその成果として後からついてくるものです。到達目標との差異があるなら何をどのように改善していけばよいかを明確にして正しく意思決定していく必要があります。仕事は優先度を考えながら着実に処理していくものです。学生アルバイトの経験がある人は，それはあくまでもアルバイトにすぎません。何となく分かったつもりでいることが多いと思います。labor（苦痛を感じて働く）の学生アルバイトの時間給とwork（意義を見出しながら喜びを感じて働く）の給料とは付加価値をどこに見出すかという仕事の醍醐味という部分で差は小さくないことを肝に銘じておきましょう。

第2節　職場内でのマナーと生産性向上にはどんな関係性があるのか

> ◆職場におけるビジネスマナーとはどのようなものか。
> ◇職場内でのルール遵守はどれほど生産性の向上につながるのか。

▶仕事における常識

企業にとっても労使交渉の果たす役割は変わってきたといわれます。バブル崩壊に続き，1990年代後半に大手金融機関の破綻が相次ぎました。景気の悪化を受けて企業は急速に人件費の抑制を一層強めたためです。1990年代前半まで伸びていた雇用者報酬は1990年代後半には伸び率が縮小しました。**図表**

図表 4-1　労働生産性と時間あたりの実質雇用者報酬の関係

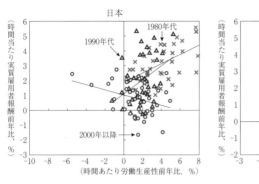
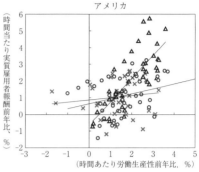

(注)　1：OECD. Statにより作成。
　　　2：労働生産性は，「実質GDP÷(雇用者数×1人あたり労働時間)」により求めた時間あたり生産性。
(出所)　内閣府ホームページ。

4-1より，日米両国とも長期的には労働生産性と実質賃金の間に右上がりの関係が見られます。

　一般に，企業は労働生産性を向上させるために労働者の能力と士気を高めることに苦心しています。労働者は会社や上司の期待に応えるべく，努力や工夫を重ねて職責を果たそうとします。仕事は楽しくできるに越したことはありませんが，楽な仕事だから楽しくやれるとは限りません。かといって，自分を犠牲にしてまで組織に奉仕する必要もまったくありません。「乾いた雑巾を絞る」という言葉があるように，品質向上やコスト削減の努力に終わりはないということです。常に，「なぜ」という問いかけ続けることです。「なぜ」には人に向かうものと課題に向かうものの2種類があります。前者はなぜこんな失態をしたのかという責任を追及するものであり，後者は仕事のやり方や製品・サービスの問題点を追求するものです。前者も組織の空気を引き締めるために必要になることもありますが，後者の方がこれからの仕事の改善や製品・サービスの革新に資するところが大きいといわれます。

---

2)　あらゆる生産活動に従事する全労働者の賃金総額。

図表4-2　成果最大化の条件

> 成果の最大化＝労働生産性の最大化
> *s. t.* 成果＝質×量
> （条件）労働生産性＝付加価値÷労働者数

　企業は利潤を最大化するために，「質×量」を最大にすることを考えます。そのためには，労働生産性[3]を最大化させることが求められます（**図表4-2**）。インプットとアウトプットの両方を考慮する必要があるからです。何より，社員1人ひとりの能力を高めることが大前提になりますが，同質の能力やスキルを高めるだけでは十分ではありません。組織を構成する個々人が異質な能力（強み）を獲得することが最重要になります。そして，ビジョンを共有することで全員の方向性を合わせ，部署ごとに社員を望ましい状態で適材適所に配置することで成果（利潤）の最大化が可能になります。そのためにも，企業側は新卒採用事情において若年雇用促進法[4]が定める以上の情報提供が重要です。職場情報の自主的な提供を一般化すること自体がブラック企業の排除への第一歩にもなります。**図表4-2**からも，通常，労働者数が多くなればなるほど，労働生産性の低下を通じて「質×量」は下がる傾向にあります。しかし，作業効率をアップさせることにより時間あたりの生産効率を上昇させることは可能です。

　納期の短縮は他社との競争を有利に勝ち抜くための材料になります。「企業の増収→労働者の報酬の上昇→福利厚生面の向上」という点で大きなメリットがあります。

　労働者1人ひとりの総力を結集し仕事の質を向上させるためには，情報共有化による情報改革や徹底して無駄を省く日常業務改革に加えて，WLBや労働時間を含む働き方の改革が当然求められます。

---

[3]　投入した労働量に対してどれくらいの生産量が得られたかを表す指標。単位労働時間あたりの生産量で表す。

[4]　適切な職業選択に向けた取り組みを促進するために，過去3年間の新卒採用者数，離職者数，平均勤続年数などから1項目を選ぶなど，事業主による職場情報の提供が義務化される（2015年3月施行）。「青少年の雇用の促進等に関する法律」。

▶5Sとニュー5S

　ニュー5Sとは「スキル（Skill）」「スピード（Speed）」「サイエンス（Science）」「スピリット（Spirit）」「セーフティ（Safety）」の5つのことであり，従来の5S[5]を徹底させる有効な方策といわれます。従来の5Sの「躾」は整理・整頓・清掃・清潔の継続的な実施を習慣化するために必要なものであり，結果的に仕事のスピードアップにつながりま

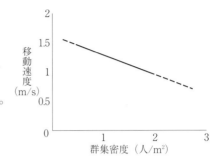

図表4-3　移動速度と人口密度の関係

（出所）　金原・大田（2012）。

す。ミスや遅延について科学的検証を行う「サイエンス」の視点は仕事のスピードアップを図るための計画化に欠かせません。労働災害の防止のみならず，職場の活性化，ひいては企業の発展のために必要な要素になります。

　社会人に限らず，日常生活において，与えられた時間をいかに有効に使うかは，有限である人生キャリアをどのように過ごすかに直結する問題です。例えば，一作業者の遅刻や作業の遅延は全体の流れを遅らせます。遅刻は単に遅刻者だけの時間浪費ではなく，遅刻時間×グループの人数分の時間浪費，相手先への迷惑，会社の信用の失墜……という相当の被害を及ぼすものという認識が必要です。スピードダウンを防ぐために，問題発生の察知，問題の改善がいかに早くできるかが重要になります。競争が激化すればするほどスピードは比較優位[6]の戦略の鍵になります。一方，労働災害の発生が多い職場ではスピリットやセーフティを優先させる必要があります。

　人口密度が高く多くの人が通行する場合，「単位時間に通過する人の人数＝人口密度×速度」よりスピードは人口密度に反比例します（**図表4-3**）。**図表4-4**は通行する人数が最も多くなる（輸送効率が最も高い）最適な点を示していま

5）　製造業やサービス業などで職場環境の維持改善のために用いられるスローガンであり，「整理・整頓・清掃・清潔・躾」の5つを指す。
6）　各国が他国に比べて絶対優位にある分野に集中して生産し，その生産された財の一部をお互いに交換することで，交易国内でより多くの利益を得ることができるという考え方（D.リカードの概念）。

第4章　自分にとっての常識×会社の中での非常識　　85

図表 4-4　スピードと作業効率の関係

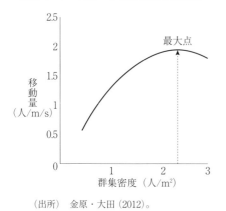

（出所）　金原・大田（2012）。

図表 4-5　最適スピード

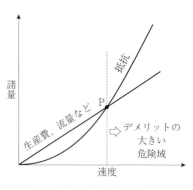

（出所）　金原・大田（2012）。

す。ただし，企業規模ごとにスピードは異なります。一般的に，大企業は組織が大きいため，業務上の他部門との調整や決裁に時間がかかる分，スピードは遅くなります。そのため，事業部門を独立・分社化することによりスピード感を高める戦略を取るケースが増えています。

▶生産における常識

　一般に，生産量や流量は速度に比例しますが，抵抗は速度の2乗に比例します。抵抗とは摩擦や混乱が該当し，これを阻止するためには多大なエネルギーが要求されます。**図表4-5**に示した2つの線の交点（P）を超えたスピードにおいては生産量や流量（メリット）よりも抵抗（デメリット）が上回ってしまいます。点Pを超える速度では危険度が大きくなることを意味しています。スピードに対する意識は労働災害の防止のみならず，経営面からも労使双方にとって好ましい結果をもたらすことが期待できるものです。3M（ムリ・ムラ・ムダ）は超過スピードに伴う抵抗（デメリット）に相当しますので，3Mがない状態である「安全第一・品質第二・生産第三」が実現していることが大前提になります。

---

6)　各国が他国に比べて絶対優位にある分野に集中して生産し，その生産された財の一部をお互いに交換することで，交易国内でより多くの利益を得ることができるという考え方（D.リカードの概念）。

第3節　雇用保障してくれる会社は本当に悪者なのか

◆日本的雇用慣行が崩壊した背景にはどのような事柄があったか。
◇企業業績をあげるための社員のマインドとはどのようなものか。

▶人本主義

　2008年にリーマンショックが起こったことで2009年には景気が大きく後退しました。低成長とデフレの常態化により，近年は賃金の増加よりも雇用維持を優先することが労使間の共通認識になっています。少子高齢社会に突入した日本では今後，労働力不足が予想される中で，生産の合理化による人員削減もますます進行していくことが予測されます。一方，全員参加型社会を目指すために世代間や世代内におけるワークシェアリング[7][8]を図っていくことも考えなければなりません。ワークシェアリングの先進国であるオランダでは，パートを増やしてその時間あたりの賃金を同業務のフルタイムと同じにして，既婚女性の就業を後押ししています（同一労働同一賃金の原則）。

　特に，日本では労働時間の世代間再配分の立場からのワークシェアリング（日本型ワークシェアリング）により，失業の回避に加えて時短および高齢者雇用の確保を念頭に置いています。ただし，いくら単位時間あたりの賃金が高くても，労働時間が短ければ収入やキャリアにはマイナスになりかねません。従来，日本企業は日本的雇用慣行の下，できる限り雇用を維持する方針（雇用調整）[9]を取ってきました。

　しかし，経済の低迷が長引く中，企業にはコストの増加に対して消極的な姿勢が根づいてしまったことにより，足元の景気が回復しても先行き不透明感が強い中では，企業は人件費抑制の姿勢をなかなか緩和できない状況にあります。

---

7)　少子高齢化の急速な進展により，近い将来，労働力人口の不足が危惧されることから，若者・女性・高齢者・障がい者などの多様な就労の促進を図り，社会全体の活性化を目指す社会。

8)　従業員1人あたりの労働時間を減らして，その分雇用を増やそうとする仕組みのこと。「仕事の分かち合い」。

9)　雇用調整が不可避の場合，①残業時間の削減→②新規採用の抑制→③臨時・非正規の削減→④希望退職の募集→⑤整理解雇の順で対応してきた。

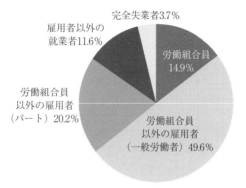

図表 4 - 6　労働力人口の内訳

　「会社に尽くす社員の雇用は守る」という暗黙の契約を反故(ほご)にし始めたという指摘もあります(『日経ビジネスオンライン』2015年8月15日号)。バブル入社組は大量採用によって社員数が他の世代よりも格段に多く，さまざまな問題を引き起こしているといわれます。人数格差は固定費の増大やポストや出向先不足を生んでいます。バブル入社組が部長適齢期[10]に近づき，望みのポストに就けないことから士気を下げる社員が激増すれば会社の業績にも甚大な影響が及ぶことが危惧されます(次世代シニア問題)[11]。

　「ジャパン・アズ・ナンバーワン」と日本が賞賛された1980年代後半，「会社は株主のもの」という欧米型「資」本主義に対して，伊丹敬之氏は「会社は従業員のもの」という日本型の「人」本主義を提唱しました。こうした考え方は長く経営者の拠り所になりましたが，近年，会社と社員の契約は破棄されようとしています。

　バブル期入社組は売り手市場といわれる2015年春入社組と比べて，数的には1.8倍近くが入社している計算になります。労使間で紛争が生じる理由は，企業と社員との間のコミュニケーション不足と意図しない法令違反であること

---

10)　労務行政研究所(2010)の調査によれば，最短昇進年齢の平均値は，係長が29.5歳，課長が33.9歳，部長は40.1歳である。

11)　リクルートワークス研究所の調査によれば，バブル大量採用世代および団塊ジュニア世代(1967～1974年生まれ；約1526万人)がシニア世代になる約20年間で約188万人が失業し，最大で年間約2兆円もの年金財政への影響が出ると試算している。

が少なくありません。例えば，ホワイト企業と呼ばれる定着率の高い企業でも労働強化となっている可能性は否定できません。過労自殺などにおいては8〜9割のケースは原告側が勝っている状況にあります。遺族側の権利意識の高まりの影響もありますが，依然として遺族の声に真摯に向き合わない会社側の意識の低さの問題が残されています。つまり，人，そして人の権利を保護する法的ルールを大切にしないところに遠因があるのです。その背景には，労働法の理解のしづらさに加えて，違法行為を取り締まる側の人員不足が挙げられます。例えば，ハローワークの職業紹介業務の民間開放を進め，それに従事している公務員を監督指導業務に振り向ける方策も考えられます。

▶忠誠心と企業業績の関係

　日本企業が組織として業績を上げるためには，社員はどれくらいの忠誠心を持つべきなのでしょうか。かつての日本企業には，社員の忠誠心の高さを発揮した独自のチームワークによる競争力がありました。しかし，バブル崩壊後，福利厚生の縮小や非正規雇用の増加などにより，会社との一体感が薄れてきたといわれます。会社への忠誠心の研究には，社員の帰属意識が企業業績にもたらす影響という観点から次の3つの見解があります。

　第1に，社員が会社に持つ関わりの強さから捉える「組織コミットメント（関与）」です。第2に，社員が会社に対してどのような義務や役割を期待されているのかという意識面を探る「心理的契約」アプローチです。第3に，社員と会社が対等な立場で互いに「エンゲージメント（愛着を持つ関与）」を持つことにより自発的・献身的な努力が促されるという考え方です。すでに会社と社員が対等に向き合う新契約の形は芽生えつつあります。アライアンスとは「企業と社員がお互いの希望を語り合い，期間を決めてその人に合った仕事を探る。期間が終わったら次の仕事を相談し，やりたい仕事，やってほしい仕事がなければ他社に移る。その後も元社員と企業の関係は緩やかに続く」というものです。

12）　企業と社員の緩やかな連携。

長期雇用保障を前提としない非正規雇用が拡大する中で，能力スキルの維持・向上を会社に期待できない労働者が増えています。労働者1人ひとりが幸福な職業人生を送るためには法的な下支えが必要であることはいうまでもありません。例えば，キャリア権[13]は使用者の労働契約における信義則上の義務[14]という観点から，労働者のキャリアを尊重する義務として認められる可能性が高いものです。つまり，エンプロイアビリティや転職力という意味合いだけではなく，使用者に対して主張する権利という面を強調する考え方のことです。近年，人手不足を非正規雇用で補てんする企業が多い中，正規雇用を拡充し従業員の高い忠誠心や企業に対する帰属意識を獲得することの企業側のメリットも小さくはありません。

第4節　待遇面に関する労働者側×使用者側のホンネ対談

学生A　正直，自分はあんまり求人票や会社紹介シートをきちんと見たことがないので，どうしても初任給や福利厚生面ばかりに目がいってしまいます（苦笑）。

人事B　厚遇を望むのは誰だって同じです。仮に，"自分はなかなか人並みには働けないと思うので低めの設定でお願いします"なんていう人がいたとしても，そういう人を雇おうとする会社はまずこの世には存在しません。そんな姿勢の会社は真っ先に淘汰されてしまいますから。

学生A　そうですよね。

人事B　社会人は，文字通り，社会の一員。人的資本として日々懸命に会社のために働いているんだけれど，人間をカネで動かすには限界がありますからね。人事考課や成果主義を導入したところで社員全員が納得のいく評価なんて結局のところ難しいですから。

学生A　私の場合，高い給料がもらえるなら，ちょっとくらい我慢してガッポ

---

13)　人は誰でも自ら望む職業キャリアを主体的に開発・形成する権利を持ち，企業や社会は個人のキャリア形成を保障・支援すべきであるという法概念である。憲法第13条の幸福追求権や憲法第27条1項の勤労権に含まれるとする考え方がある（諏訪（1999））。

14)　労使双方が相手方の信頼を裏切らないように行動すべきという法原則（信義誠実の法則）。

90　《考えるの巻》

リ稼ぎたいですね (笑)。

人事B　実は弊社では5年前くらいまで新卒を採用していなかったんだけど，定年退職者の増加に伴い，ここ数年は初任給を引き上げて採用活動を行っています。

学生A　それは私たち就活生にとって朗報ですね (笑)。

人事B　ん〜，でも20代の若年層の給与を引き上げるということは昇給カーブが緩やかになることを意味するので，30代以上の社員のインセンティブが下がることも考えられますね。

学生A　た，確かに，そうかもしれません。そのことについて会社として何かされていますか？

人事B　だから，新卒者へのインセンティブと在籍社員のモチベーションを向上させるような人事評価制度が必要になるんだね。

学生A　私はてっきり，能力成果主義のように，人はおカネで管理できるものとばかり思っていました。

人事B　ハハハ，実際に働いてみれば分かると思うけれど，おカネだけがすべてじゃないんだな。ヒト・モノ・カネの順番。つまり，おカネでは人の心は動かない。会社や社員への愛情がどれくらいあるかが肝心なんだ。愛社精神が高い労働生産性につながり，企業利潤をもたらしてくれる。その結果として，カネとなって社員に還元されるっていうことだね。

学生A　はぁ〜，これまであまり意識したことがなかったです。

人事B　だから，新入社員になるということはプロになったのと同じことなんです。これまではお金を払って教えてもらっていたかもしれないけれど，今度はお金をもらってお客様から教えてもらうことになるんだね。

学生A　なるほど。あと，待遇や給与面を明確に示さずうやむやにするブラック企業とかは特に気をつけたいですね。あれって，本当に大丈夫なんですか？

人事B　イヤイヤ，それは大丈夫なことじゃないねぇ。でも，通常の会社であれば問題なく労働条件は明確に示されるはずです。心配なら，会社側に提示を求めればいいんですよ。

第4章　自分にとっての常識×会社の中での非常識　　91

学生A えっ，そんなことできるんですか？

人事B もちろん，労基法の中で絶対的必要記載事項として，私たち企業側には労働者側に対して書面で提示する義務がありますから。

学生A へー，知らなかったです。ちなみに，Bさんは入社時に待遇面についてはどのくらい重視されたのですか？

人事B そうだね，待遇といっても，収入に関しては"やりたくない職種でも高収入だから"と割り切ってしまうのか，"少々収入が低くてもやりたいこと"にこだわるのかだと思うのですが，私は後者でしたね。

学生A 収入が低いのは嫌だなぁ。

人事B ハハハ，それはAくんの考え方を大事にすればいいと思うよ。私の場合は，将来的に「こういうことができるようになりたい」と考えていたから，そのためには収入よりも，この職種に就きたいという気持ちが強かったかな。職業観や勤労観の問題ってことだね。

学生A 職業観，勤労観ですか。

人事B そうです。もっといえば，学生アルバイトは所詮アルバイトだから，働いた分だけの時間給をもらえばいいんですよ。逆にいえば，時間給分をしっかり働く。だけど，社会人なら，お給料をいただく分以上の貢献を会社にしなければならないというのが私のポリシーです。

学生A カッコイイですねぇ。

人事B Aくんはどのような職業観，勤労観を持っていますか？

学生A えっ，私ですか？　私はどうでしょう……。

人事B ご家族や周りの方々など，社会人となっている方にもどんな職業観，勤労観を持っているのかを聞いてみると，いろいろと参考になると思いますよ。自分が妥協できる部分とそうでない部分をあらかじめ明確にしておくことも大切なんじゃないかな。

学生A そうですね，この機会にきちんと自分の考えを明確にしておきたいと思います。

DISCUSSION

学生Aと人事Bとの「待遇面」に関する会話の中で，気になる箇所や共感できる箇所についてチェックしてみよう（話し合ってみよう）。また，学生Aを自分自身に置き換えてみて，自分の金銭面での生涯設計について考えてみよう。

とりあえず生きている自分×
何となくつながっている社会

第1節　とりあえず決まった内定先のどこが悪いのか

◆若年無業社会とは何か。また，どのような問題があるか。
◇とりあえず志向の生き方とは何か。また，キャリア形成への影響はあるか。

▶とりあえず進路選択という現実

　就活生が採用してくれる可能性のある企業をしらみつぶしに検討した上でベストな選択をすることは事実上不可能です。現実的には，とりあえず志望する企業を絞って隣接領域の業界に視野を広げていくというアプローチが一般的な就職活動の方法です。若年層に見られるとりあえず志向の高まりは新規学卒労働市場の逼迫感と有意に関係します。小杉（2004）では日本型ニートを「15～34歳の非労働力のうち，主に通学でも，主に家事に従事でもない者」と定義しています。そして，学卒直後に当たる19歳と23歳でニート状態の増加が著しいことから，新規学卒労働市場の急速な悪化が原因であると指摘しています。しかし，就職難が直接とりあえず志向を誘引しているわけではありません。不安感がダイレクトに不安定を呼び込むことにはならないからです。例えば，派遣労働を例にとると，企業体力があり多くの派遣先を持つ派遣会社（派遣元）に採用されることにより，他の派遣会社で働くよりも不安定度を下げることは可能です。むしろ，買い手市場の機運が高まる中で安定志向者が急増する結果，とりあえず志向者の増大に波及するのです。長引く不況下において，一般企業が採用数を減らすと，就職活動の準備を行っている学生にとっては公務員のような安定職種へのインセンティブが高まるという典型的なシナリオです。

図表 5-1　とりあえず内定の場合分け

内定企業数＼希望度	本　意	不本意	希　薄 (不鮮明)
1　社	A	B	C
複数社		D	

(注)　「右下がり斜線」は数的な縛りが強く，「右上がり斜線」は質的な縛りが
　　　強く，「斜め格子」は質量両面からの意図が含まれている。
(出所)　筆者作成による。

　「とりあえずの入職者が増えれば早期離職リスクが増大するのではないか」
と危惧されるかもしれません。しかし，その答えは「否」です。筆者が2004
年以降，十数年間継続して行ってきた学術研究（とりあえず研究）[1]では，とりあ
えず志向（FTBO: For The Time Being Orientation）の意識を持って公的部門に入
職した人の割合はおおよそ3人に1人であることを確認しました。また，民間
就職活動の経験がない公務員専願者が不本意就業（第2志望以下で内定）となる
場合，とりあえず就業のパターンが多くなることも認められました。

　図表5-1のように，内定企業数で捉え直すことにより，民間部門への入職
者にも応用することができます。まず，複数社から内定を獲得することは選択
の余地が生じるため，とりあえず進路選択から除外されやすくなります（ただ
し，内定先のすべてが不本意ならば除外されない）。1社のみの単独内定の場合，本
意・不本意にかかわらず，とりあえず進路内定に該当します。しかし，両者は
本意か不本意かによって質的な意味合いは大きく異なります。前者であるA
の場合，「いち早く安心を得たい（以下，時間選好性）」の意味合いになり，変化
や追加の可能性は小さくなります。後者であるBは「次のステップになる（以
下，時間順序の選択性）」というニュアンスになり，変化や追加の可能性を残し
た含みを持った概念になります。

　当然，本意就業である前者（A）の方が望ましいと考えるのが自然です。し
かし，仮に，入社後に何らかの理由でミスマッチが生じたとしましょう。スム

---

1)　2007〜2014年に実施した一般行政職の地方公務員（20歳代〜30歳代）のキャリア意識や就業
　　意識に関する一連の「質問紙調査」および「聞き取り調査」である（合計標本数は約10,000
　　件）。

98　　《つながるの巻》

ーズな対応ができるのはAよりもBの方かもしれません。こうした場合，リスク管理上，Aの方が本当に望ましかったのだろうかという疑念が生じます。筆者自身のことを例に取ると，大学・大学院は経済学を学んできた身でしたが，社会人として自分の道を初めて真剣に考えた時に大きな不安に駆られ，ご多分に漏れず，資格取得に走り，国家資格である社会保険労務士（以下，社労士）を取得しました。いさぎよくない筆者は研究職へのあこがれを捨てきれないまま初職（専門学校教員のポスト）に就きました。それは，合格したばかりの社労士講座ではなく公務員講座の専任講師の職でした。ここで初めて労働需要（公務員）と労働供給（社労士）のミスマッチを身をもって経験したわけです。内定辞退という選択肢もありましたが，職歴の空白期間は避けたいという「時間選好的」なはやる気持ちと将来の研究職などにつながる教歴をつけたいという「時間順序の選択的」な気持ちが混在する中で，職業キャリアをスタートさせたのです。つまり，ひとまず最低限の雇用保障は得られるという思い（時間選好性）と将来の夢はあきらめないが現時点で確実に選択できる選択肢という思い（時間順序の選好性）に駆られた選択行動そのものが，とりあえず就業だったと振り返ることができます。

　幸いなことに，その後の幾度かの転職・転勤の場面においては，前職を離れるタイミングで時間選好的な思いが強まり，新しい職場で再出発したタイミングでは時間順序の選択的な思いに重心を移してきました。その都度，心の声（自分の正直な気持ち）と"とりあえず"思い切る勇気とを擦り合わせる自己との対話を心がけてきたお陰で何とかやってこられたという思いがあります。要するに，当初は時間選好的なCの状態で入職したものであっても，転職や定年退職時に一定の意義や価値が見出せたなら，中長期的に（時間順序の選択的な意味で）Aの状態であったと"跡づけ解釈"をすることができる点で，とりあえず進路選択は決して否定されるべきものではないのです。

▶若年無業者の実態

　1990年代にフリーターやニートをはじめとした若年無業[2)]が急増しました。とりあえず就職は社会とつながる「橋渡し」の意味合いがありますので，家族

以外の他人と接触する機会が確実の増えることになります。「とりあえず大学」「とりあえず就職」のいずれの場合も，少なくとも最終的に大学進学意欲や就業意欲を担保に，自分の意図とは関係なく，他者とつながることを暗黙のうちに前提としているからです。

公的統計で確認されている不本意非正規の高まりに示されるように，置かれた現状を自分でどうやって受け入れればよいのかについて自信が持てずに迷っている若者は多いのです。そして，具体的なことが何も決まっていないと正直にいうのは気が引けるため，「とりあえず」という言葉を使って何となく将来像が見えているかのように言い聞かせ安心感を得ようとしているのです。それでも筆者は良いと思います。そこには，いずれ定職（就職）に就かなければという意欲が確かに潜在しているからです。

もっと大きな問題は，そうしたささやかな意識を持つ者を温かく受け入れる土壌が十分整備されていないことです。無業やニート状態だった者がとりあえず就業をするということは厚生労働省の定義上は非労働力人口から労働力人口の移行になります。この移行経路のシフト強化策は主に家事に従事する専業主婦層が多く占める非労働力状態の者を社会活動に呼び戻すという点で社会的コストの削減になります。加えて，無業やニート状態から完全失業者に陥るルートの予防にも有効です。

厚生労働省によると，2013年11月時点の生活保護受給者数は216.5万人で過去最高です。働き盛り世代で無業者がこのまま増え続けると社会保障支出が拡大するため国民負担率も上昇します。さらなる財政赤字を膨らませ将来世代へのつけ回しが拡大するという世代間の不平等の問題にも関係します。将来不安がますます大きくなる中で，若年世代は仕事に夢ややりがいを見出すというよ

---

2) 厚生労働省（2004）では若年無業者を「非労働力人口のうち，年齢15～34歳，卒業者，未婚であって，家事・通学をしていない者」と定義し，推計52万人で増加傾向にあると指摘している（総務省「労働力調査」（2012）による推計では63万人）。

3) 総務省の平成26年「労働力調査」によれば，正社員として働ける機会がなく非正規で働いている者の割合は非正規雇用労働者全体の18.4％という。年代別では25～34歳代が26.9％と最も高くなっている。

4) 総務省統計局によれば，①働く意思があり，②仕事を探しているにもかかわらず，③職に就けない状態の3つの要件すべてに該当する人を指す。

りも定職に就いて安定した堅実な生活を手に入れることの優先度が高くなるのです。こうした構造は，将来不安と過度の期待の中で生じる"やる気の喪失"のメカニズムを予防するのに役立ちます。

また，とりあえず就職へのインセンティブを高める可能性を示す統計データがあります。総務省の「就業構造基本調査」（平成24年）によれば，非正規の職員・従業員として初職に就いた者の割合は平成19年10月〜平成24年9月で39.8％（男性29.1％，女性49.3％）となっており年々高まる傾向にあります。したがって，学校教育現場（キャリア教育）では，将来を展望しづらい非正規雇用の厳しい状態だけでなく，非正規から職業キャリアが始まることもありえる現状や非正規や正規への移行可能性を含めた多様なルートについて教示していく必要があります。

▶計画された偶発性と若者の離職

社会人のうちで，最初から「自分の天職はこれだ！」と分かって仕事を始めている人はどれほどいるでしょうか。おそらく大半の労働者は確固たる確信を持たないまま就職しているのが実情です。キャリア研究の世界においては，従来のプランニング型の発想は劣勢になりつつあり，偶然のチャンスを生かすという方向性が主流になってきています（児美川 (2014)）。プランド・ハプンスタンス・セオリー（計画された偶発性[5]）で有名なJ. Krumboltzはアメリカの一般人を対象に調査し，18歳時に考えていた職業に就いている人の割合はわずか2％にすぎないことを指摘しました。実際，3人に1人が入職前に「とりあえず定職に就きたい」という意識を持っているという実態は確かな信念が持てない不安の表れだと考えられます。リスクの高い公務員専願者が不本意就業の場合にとりあえず就業のパターンに陥るのは「とりあえず公務員」の最たる例です。

ただし，とりあえず志向にも「とりあえず安定」と「とりあえず地元」に大きく分けることができ，とりあえず安定は女性（とりあえず志向の女性の80％），とりあえず地元は男性（地元就業の男性の約50％）で顕著であることも分かって

---

5) Krumboltz and Levin (2002).

きています。「入職前におけるとりあえず志向の高まりは，働き続ける中で将来のライフキャリアを自らで築いていきたいという意思表示に通じる可能性が高い」という発見は，とりあえず就職を好意的に捉えることができる最大の根拠といえます。一方，男性，40歳以上の中高年，高卒公務員，民間からの公務員転職者ほどとりあえず志向が強くなるという事実から，低学歴かつ就職時の労働市場が厳しい世代ほど安定・安心な入職を望む傾向が高まるのです。その結果として，安定職での競争倍率が高くなり，不本意就業が増えたと考えられます。不本意就業者の増大が後になって仕事を辞める確率を高める可能性があります。

　さらに，「とりあえず安定」の意識で就職する場合であっても，勤続を継続する中で職業キャリア意識の具体化につながることも実証しました。山田（2007）は低学力者ほど現状肯定感が強い点を指摘していますが，筆者の調査では加齢やライフイベント（結婚・出産）とともに自己肯定感が高まる傾向が認められました。

　最も重要な問題となるのは，「とりあえず」を近視眼的な視点からいつまでも惰性で繰り返し使うことかもしれません。「とにかく内定を獲得し早く落ち着きたい」という拙速な入職状況であるほど将来のキャリアビジョンの思い描きを先送りする口実にもなりかねません。前述した通り，偶然のチャンスに巡り合うためには，当面の目標を定めて努力することが必要になるからです。つまり，先送りの思考構造が常態化し周囲に流されるだけの生き方になってしまうのは少しもったいない気がするのです。浦坂（2009）では，自分の人生を自ら決定する上で近視眼的になりすぎる昨今の若者の姿勢に対して警鐘を鳴らしています。

▶人生の過渡期と世代効果

　一方，いつの時代でも青年期は常に不安定といえます。Schlossberg（1981）は17〜22歳を「成人への過渡期」と位置づけています。当然のことながら，

　6）　会社の離職率の計算式：「年度初めから1年間の離職者数÷年度初めにおける在籍者数×100」。

時代背景は無視できない要因の1つです。労働分野では，高卒者以下の労働者にとって最終学校卒業時の労働市場の需給バランスの状態がその後の賃金や雇用に大きな影響を与えるという世代効果が明らかにされています。[8]

　では，とりあえず志向の世代効果はどういう形で起こりえるのでしょうか。従来，世代効果の研究では賃金水準への影響が強調されてきましたが，一概にはいえません。例えば，とりあえず地元就職者の多くが地元に対する強い愛着を持っているだけでなく，待遇面での満足度は十分でないにもかかわらず，就業状況に対する全体満足度は高いことが分かってきました（中嶌（2015a））。しかし，サンプル対象の大半は正規雇用（公務員）の人たちです。一番の問題は，正規になれない不本意な非正規労働者のその後のキャリア形成です。玄田（2008）では，非正規雇用から正社員への移行には，同一企業で2〜5年程度の継続就業の経験が有利であることを指摘しています。われわれの調査でも「とりあえず地元就職」した女性地方公務員の多くは，就業に対する不満足を受け入れながらも就業を継続する傾向が確認されており，とりあえず就職が就業中断や早期退職に直結するというわけではありませんでした。それ故，たとえ非正規のとりあえず就職であっても最終的には定職（正社員就職）に就く意欲の表れと解釈し直すことができるのです。

　昨今，女性や元気な高齢者の力を生かすダイバーシティ[9]の取り組みが社会にも企業にも求められています。日本では労働能力の高さを年齢で判断する慣行が定着していますが，年齢にとらわれず，個人の技量を評価する仕組みを整え，技量に応じた処遇をすることにより，60歳代の就労へのモチベーションは格段に高められる可能性があります。欧米では，老人学・老年学の分野でbridge employment（つなぎ雇用）として，退職者の労働力参加が若年層の労働力不足を充足することが確認されています（Doeringer, 1990; Hayward *et al.*, 1994）。総

7）　Schlossbergは，人生の転機や変化は誰もが経験するが，それは誰もが乗り越えられるものとし，乗り越えられるプロセスが人のキャリアを形成すると考えた（トランジション・モデル）。

8）　太田（2010）ではバブル崩壊世代のサンプルを用いて，高校卒では実質賃金が卒業年の失業率と負の相関にあることを確認している。卒業年効果ともいう。

9）　女性・元気な高齢者・障碍者・外国人などの多様な人材を積極的に活用しようという考え方。

図表5-2　とりあえず志向の定義づけ

		意味合い	広辞苑	時間的要素	背景要因例
と り あ え ず 志 向	I	瞬間性 (性急さ)	たちまち たちどころに	時間選好的 要素	学習や生活での 挫折経験
	II	まったりとした 持続性 (リラックス感)	さしあたって まず一応	時間順序の 選択的要素	暫定的な中間 目標に到達

(出所)　中嶌 (2008) 125頁。

務省統計局「労働力調査」によれば，2013年に35〜44歳層の女性労働力率が初めて7割超 (71.3%) となり，統計をさかのぼることができる1969年以降最高水準となりました。男性労働力率の減少を女性が補う形自体は望ましいことですが，その分就業環境の改善が必要になります。社会通念的に見ても，男性より制約が多い女性が働きに出やすい社会は，フィールドチェンジ型のとりあえ[10]ず就業者にも水が合うかもしれません (**図表5-2**の [I] タイプ)。女性公務員では職場内 (仕事内容や職場環境) ではなく職場間 (WLBや融通性) といったより広い範疇で主観的に自己キャリアを捉える特徴が見られました。官民を問わず，個々の諸事情に応じた柔軟な就業環境を目指すことができる労働社会の構築はステージアップ型のとりあえず就業をも後押ししてくれるものになると思いま[11]す (**図表5-2**の [II] タイプ)。

　一般的に，過去に挫折経験がある人ほど，現在を幸福だと感じにくい傾向があることが分かってきています。希望と幸福への相反する挫折の影響は米国や英国でも同様に確認されています (玄田 (2010))。つまり，挫折経験がきっかけとなったとりあえずの行動 (I型) 自体が挫折やトラウマを乗り越える経験につながりやすく，そこで克服できたと自負できる人ほどさらなる希望を持って仕事に取り組めるようになるのです。失敗や挫折は人を苦しめたり不安に陥れたりします。しかし，その経験の中で学び得たことを生かして，勇気をもって

---

10)　"不安から解放されていち早く落ち着きたい"と考える時間選好性を重視する概念。
11)　より重要な目的が後に控えていながらも手短に着手できるもの (目標につながるもの) から優先的に行っていくという概念。

ほんの少しの行動を起こすことで，真の希望が持てるようになれば，もはやその時点でⅠ型ではなくⅡ型のとりあえず志向者といえるでしょう。何らかの行動を起こす時，あまりに結果を求めすぎると損得勘定が働き，思い切る力が弱まったり，努力することが億劫になりがちです。そういう時こそ，いい加減なとりあえず志向がしっくりくると思うのです。

第2節　普通に働くことはそれほど簡単なことなのか

◆フツーに働ける労働社会とはどのような状況のことであるか。
◇地方圏や地域雇用問題の現状はどのようになっているか。

▶就職格差の実態

　就職を希望する者が希望する職種に就けるようにすることは大切なことですが，未就職卒業者支援の方が喫緊の課題という見方もできます。高校生を例に取ると，高校新卒者の求人状況の悪化は単に「就職が厳しい時代だから」「氷河期世代だから」ではすまされない深刻な事態が進行しているといわざるをえません。就職を希望する高校生の中には，できれば進学したいが，家庭の経済的事情から就職を余儀なくされている者が多くいます。地元で就職して家計を支えたり，親の面倒を見なければならない者もいます。家を離れて遠隔地に行くための費用が用意できない高校生にとって厳しい事態となっているのです。貧困の深刻化は学歴格差や就職格差につながっているのです。[12]

　高校生の就職希望者数がほぼ100％就職していた時代には，就職者の卒業後の状況についてあまり関心は払われませんでした。しかし，労働者の働くルールの破壊が進み，若年労働者の過酷な働かされ方が社会問題としてクローズアップされるにつれて，卒業生の現状に対する問題意識が高まってきました。例えば，「働けない青年」「引きこもり」など社会とつながれない若者の就労問題に対する社会的関心が高まっています。北海道経済部労働局雇用労務課（2010）

---

12)　男女間，課程間（全日制と定時制・通信制），地域間の3つの格差があるといわれる（佐古田（2011））。

の調査によれば、「一度も受験しなかった（35.2％）」のように、就職を希望しながら就職試験にすらたどり着けなかった高校生が3人に1人以上いたという報告があります。何度も就職試験を受けてもダメだった高校生が多数いる一方、希望した仕事の求人がなく、就職試験すら受けられなかった高校生が少なからず存在するという事実は何を物語っているのでしょうか。未就職者を「職業意識が低い」「努力が足りない」と決めつける状況ではないことだけは明らかです。一方、組織が個人の面倒を見ることが難しくなる中で、個人個人が自らキャリアを決めていく時代になってきています。さまざまな境遇や外部要因をも乗り越えていけるだけの自律性・自主性が大きな基盤になります。その根幹部分が養成されなければ、その先に必要となる力につながっていかないからです。

▶高校生の就職難

周知の通り、大学進学率は1990年代初頭の30％台から2000年代中頃以降の50％超まで上昇しており、専門学校進学者と合わせると、進学者は全体の7割に上ります。進学率上昇の要因は学習意欲の向上ではなく、高卒求人の減少が大きいといわれます。つまり、高卒では就職できないから大学に進学するという構図になっています（児美川 (2014)）。また、若者の失業の中でも低学歴な層の失業が長期化しがちであることも問題を深刻にしています。

高校生の就職難の解決には、家計のことを考慮して「地元で働きたい」と希望する高校生が多いことから地方経済の立て直しが不可欠です。地方の雇用創出では「公務公共部門」「地元中小企業」「福祉・介護」の3つが鍵になります。雇用創出で最も有効なのは働くルールを確立することです。現在ある雇用や労働に関するルールを守ることで生まれる雇用を生かすことにより、働くルール確立による雇用創出と内部留保の還元による経済効果が期待できます。高校新卒者の職業紹介状況を見ると、全体的な求人数は減少傾向にありますが、中小企業に比べて企業規模が大きくなるほど求人の減少率が高くなっています。体力のある大企業ほど高校生の求人を削っている側面があるため、大企業は社会的責任 (CSR) を果たすことが求められます。中小企業の中から、より優良な企業を見極めるためには『会社四季報』やハローワーク等の情報を基に、①財

務状況，②会社独自の技術や事業分野の有無，③成長分野でのビジョン，④経営トップの考え方や理念を判断材料にしてみるのも有効です。

　高校生の希望進路が就職であっても進学であっても，やがて働くことに変わりありません。学校で基礎教育を受けた若者が労働の場で鍛えられ，技術を継承し，労働組合を含めた人間のつながりを築いていくことが学校から職業への移行（トランジション）[13] そのものになります。現代社会において，トランジションとは単線移動（single move）ではなく，複線移動（multiple move）を意味します。学校と仕事が断絶しているのではなく，双方を行ったり来たり，あるいは緩やかに学校の割合を減らしながら仕事の割合が主となる移行を果たしていく形態として捉えられています（溝上（2014））。ルートが多様であるからこそ，個人の価値観に基づく選択が一層重要になります。

▶フツーの働き方

　そもそも普通（以下，フツー）とは何をを指すのでしょうか。「フツー」と「一般」を類義語と見なす言語学の研究（陳（1990））によれば，「人」に修飾する場合，「フツーの人」は単数・複数の両方を意味するのに対し，「一般の人」は常に大多数を指します。では，働き方のような「動作」を修飾する場合はどうでしょうか。同じく，言語学の高橋（2004）では「の」を介する連体修飾用法として，「フツーの」は程度性を有するのに対し，「一般の」は二者択一的な性質を有すると指摘します。つまり，最低限の労働条件や就労環境が維持されてこそ，フツーの働き方が実現できるといえるのです。

　フツーに働き暮らせる状態を作るためには，社会保障における次の3つの機能を維持することが大切になります。第1に「生活安定・向上機能」により，人生のリスクに対応し国民生活の安定を図ることです。第2に「所得再分配機能」により，社会全体で低所得者の生活を支えることです。第3に「経済安定機能」により，経済変動の国民生活への影響を緩和し経済成長を支えていくこ

---

13)　学校教育と卒業後の仕事との接続や関係に焦点化したトランジション研究は2000年以降，急速に増加している。教育社会学の小杉（2010）によれば，学校斡旋を中心とした高卒就職システムに変化（学校外での就職の増加）が見られるため，移行に果たす学校の役割に着目するだけでは非典型雇用者の問題状況の全体が見えないと指摘する。

とです。社会保障は本来，特別な弱者や働けない人たちだけのものではありません。勤労世帯も賃金と社会保障，教育保障，住宅保障で暮らすのが当然です。社会保障が弱ければ働く場での公正な処遇が維持できなくなります。ひたすら我慢して働いているだけではフツーの仕事や暮らしをすることは難しい状況にあるからです。

　筆者は大学のゼミやキャリアデザイン授業の中でドキュメンタリー映画『フツーの仕事がしたい』(土屋トカチ監督，2008年) を学生に鑑賞させ「フツー」に働くことついて考えてもらうことがあります。本作品は長時間労働などを強いられていた長距離トラックの運転手が1人でも入れる労働組合 (連帯ユニオン) に加入し，正当な労働条件を獲得するまでの過程が描かれています。一見，労働組合を通じた団体交渉がメインテーマに映りますが，「いいたいことがいえなくなること」「命が軽んじられていること」がフツーになってしまうことに対して警鐘を鳴らしていることが分かります。競争社会の中で仲間や同期を大切にできず，自分の世界で生きていくことしか考えられなくなってしまう風潮が蔓延してしまうことへの危惧の表れといえます。

　労働力という「商品」はきわめて特殊なものです。モノは値崩れすれば出荷を抑えて品薄状態を作り，値段を回復することもできます。しかし，労働者が値崩れを防ぐために労働力を売り惜しみするのはかなり難しいことです。なぜなら，働いて稼がなければ飢え死にしてしまうからです。労働力は貯蓄や資産などの「溜め」がなければ投げ売りするしかない「腐りやすく売り惜しみができない商品」ともいえます。だからこそ，労働法では，働き手が労働組合を作って団結し，その圧力を背に労使交渉を求める権利[14]を保障しています。その結果として，優位な立場に立つ会社側とのバランスが保てるようになるのです。具体的には，労働組合が賃金の引き上げや処遇改善などの要求を企業に示すことで交渉は進んでいきます。一般的に，ボーナスや定期昇給や手当などを含む年収ベースでの増額よりも，賃金カーブ[15]そのものを引き上げるベア[16]は人件費を

14)　新年度の始まりを前に労使間で賃金や労働条件の見直しなどをするもの。
15)　縦軸に賃金の絶対額，横軸に年数を取ったグラフで表されるカーブ。日本では年齢が上がるにつれて賃金も右肩上がりに上昇するのが一般的である。
16)　年齢や職務などによって定められた賃金表を改定することによって基本給を一律に引き上げ

後年度にわたって押し上げることになるため交渉のハードルが高くなります。

第3節　ワークとライフの融合って何だろう

◆ワーク・ライフ・バランスとライスワーク＆ライフワークとの違いは何か。
◇職業キャリアと人生キャリアをどのように折り合いをつければよいのか。

▶ワーク・ライフ・バランスとキャリア形成

　就業形態の変化に伴って賃金体系に変化が見られます。終身雇用が改められると年功序列賃金の見直しも行われ，年俸制（成果主義）[17]や裁量労働制やフレックスタイム制[18]を導入する企業が増えています。就活をした人は就「職」活動ではなく，就「社」あるいは就「業」活動をしたということになります。しかし，新卒労働市場の現状を考えると決して悪いことではありません。むしろ自分の適職を正しく把握できていない志望者が圧倒的に多い状況下では，入社後に適性を教えてくれる親切なシステムがあると考えてちょうど良いくらいかもしれません。自分のキャリアを本格的に"わが事"として考え始めるのは実際に働き始めてから数年目であることが多いからです。

　現在所属している企業の中でどういうキャリアを積むのかという縦断的な発想を持つためには，会社組織に属し続けられることを大前提として職業生活をどのようにデザインしていくのかという視点に立つ必要があります。

　昨今，さまざまなWLB施策が世界各国で推進されています。人口減少社会[19]に突入した日本では今後，労働力不足が予想される一方で，生産の合理化による人員削減も進行していくことが見込まれています。そうした中で，「仕事一筋で業務成績もトップクラスだけれど家庭はそっちのけの先輩社員」や「人一

　　ること。「ベースアップ」の略。
17)　成果主義にも基づく賃金制度には，人事評価によって労働者の職務遂行能力をいくつかの等
　　級にわけ，その等級に応じて支払いに差を設ける職能給などがある。
18)　一定の時間帯の中で労働者が出社・退社時間を自由に決められる制度のこと。必ず出勤して
　　いなければならない時間帯（コアタイム）が設けられることが多い。
19)　2048年には日本の人口は1億人を割り，生産年齢人口（16〜64歳）の減少が著しく，労働者
　　不足が懸念されています（国立社会保障人口問題研究所の推計）。

倍家族思いの社員が上司からもっと職務にも精を出すように注意を受ける」というようなワーク（仕事）とライフ（生活）がせめぎ合う状況（ワーク・ファミリー・コンフリクト[20]）では，働く上での最低限の基準をクリアしているとは必ずしもいい切れなくなります。その背景には，長時間労働の問題がありますが，日本企業の長時間労働に対する取り組みがグローバルスタンダードから見ても十分ではないのは明らかです。近年，日本人が希望を感じる源泉は仕事から家族へと移りつつあるといわれます。社員の家族に対する犠牲を顧みないような会社では定着率が大きく低下していきます。その意味において，WLBの推進は日本人の希望の変化に整合的であるといえます。

▶ライスワークとライフワーク

会社に制約されすぎるあまり，たくさんの限界に苛まれてしまうのが実態です。ノルマ達成や家庭を顧みることができない状況の中間管理職（上司）を目の当たりにし，若手社員の間で昇進志向が低下してきていることも聞かれます。また，会社一筋でやってきたシニア世代が退職後，地域社会と上手に交われずいる"濡れ落ち葉"のような状態も会社人間に偏りすぎてしまったことへの代償です。1つの会社限定の一本道と自己キャリアを限定してしまうと，「会社でのし上がるにはどうしたらよいか」「大過なく過ごすためにはどうすればよいのか」という二分割思考のリスクの高い発想になりがちです。会社人生だけの一本道のキャリアでは，有業と無業の二者択一の選択肢しかありません。人生を複線化してリスクを回避しながらコツコツと築いていくキャリアも素晴らしいと思います。

現在，筆者は大学教員として本務校ではキャリア教育を担当しています。まさに，ライスワーク（Rice Work）[21]です。しかし，淡々とお金を稼ぐだけがライスワークではありません。私自身，キャリア関連科目やキャリアデザイン・ゼミで学生たちと学びの場を共有することにより大変大きな「やりがい」を得る

20）　金井（2002）では，家事過重や仕事過重に起因する役割葛藤の一形態と定義しており，葛藤の方向性や職務ストレッサーの明確化が解決につながると指摘する。

21）　ご飯を食べるための活動。経済的報酬を得るための活動。

ことができています。つまり，ライスワークも取り組み方や心の持ち様でいくらでもやりがいのある活動とすることができるものなのです。その先には働くことでしか得られない自己実現も考えられます。筆者は元々の専門が労働経済学ですが，10年以上のキャリア教育実践を通じて，少しずつキャリアの問題に関心を移し，現在ではキャリア教育が中心的な研究テーマになっています。

　他方，ライフワーク (Life work) [22]は長い期間をかけて続けながら，探りながら高めていくものになります。それは1つに限りません。お金では買えない別の報酬を手にするための活動といえます。したがって，ライフワークはライスワークと完全に分断された存在ではなく，ライフワークに関するスキルや知見，経験が蓄積されることで本業であるライスワークの発展を下支えしてくれる相互補完の関係にあるといえます。ちなみに，前述した筆者のライフワークである「とりあえず志向」の研究に関しても，2004年頃に得た着想をしばらく寝かせておいた時期がありましたが，2008年以降の大学教育に携わる中で徐々に機が熟してくると"テーマが向こうからやってくる"というような状態に変わっていきました。いったん忘れていてもふと甦ってくる。そんなこともライフワークの題材になりえるわけです。大事なことは，どんなに小さなことでもよいので具体的なカタチにすることです（とりあえず！）。そして，それを大きくするのは二の次という感覚で十分だと思います。人生は決してライフワークの中だけで，あるいは，会社生活におけるライスワークだけでは完結しないのです。

　では，ライスワーク＆ライフワークとWLBとの違いは何でしょうか。WLBは仕事と生活の調和のことであり，会社と家庭を二項対立させた概念であるのに対し，ライスワーク＆ライフワークは相互に作用し合って，補完的に発展していくものになります。ライスワークでの「やりがい」，ライフワークでの「生きがい」を2つの車輪として回すことでスキルやモチベーションを相互に移動させシナジー（相乗効果）を生み出します。プラスをさらにプラスにするだけではなく，たとえライスワーク上の失敗で落ち込んだりへこんだりしている

---

22)　夢や自分の好きなことを追い求める活動。自己実現。

マイナスの時でも，ライフワークからエネルギーを充填してモチベーションを保ち続けることができるのです。

第4節　人間関係に関する労働者側×使用者側のホンネ対談

学生A　仕事を選ぶ上で仕事内容が一番と思っていましたが，アルバイト経験を通じて分かったことは実際には人間関係もすごく重要だということです。

人事B　そうですね。組織は人で成り立っていますから，職業でも学校でもサークルでも人と人との良好な関係づくりは基本ですね。

学生A　社会人になると，競争，競争の中で少しでも上位に立ちたいというホンネがもっと露骨になる感じがして，どこに行ってもいじめはあるようで正直怖いです（>_<）。

人事B　ハハハ。どこに行ってもいじめがある……というのはいいすぎだけど，さまざまな価値観を持った各年代が一緒に仕事をしているわけだから，これまでと違った関係構築を心掛けないといけないですよね。

学生A　関係構築ですか？

人事B　学校時代まではどちらかというと，授業や部活などでは先生のように年代が違う人との関係があったと思いますが，基本は同級生やせいぜい2，3歳年が違う先輩・後輩との付き合いが大半だったのではないでしょうか？

学生A　確かにそうですね。Bさんが入社した時は何か戸惑ったりしたことはなかったんですか？

人事B　女性が多い職場なので，それなりに気を遣いましたね。でも，私の入社当時，30歳ぐらいの女性の先輩は，2歳のお子さんを育てながら仕事をされていて，すごいなぁ，私にはできないだろうなぁと思っていたら，「家では"お母さん"や"妻"だけど，会社に来れば"○○さん"と呼ばれて，自分だけにしかできない仕事がある。その都度，頭を切り変えながら役割に打ち込むことができるから，家庭だけじゃなくて仕事をするのはとても大切なことなのよ」なんて教えてもらった覚えがありますね。

学生A　へぇ～，素敵な先輩ですねぇ。

112　　《つながるの巻》

人事B　女性は男性よりもイベント（結婚や出産など）が多いから，その都度「ワーク・ライフ・バランスをどうしたいか」について，考える機会が多いと思うんだよね。そういう意味でも，いろいろな働き方・生き方をしている先輩方がいるのは，心強いと思っているよ。

学生A　なるほど。そういう素敵な方々がいっぱいいるところで仕事ができたら良いのですが……。

人事B　風通しのいい自由闊達な中で仕事ができる方が，成果も上がるし会社への貢献も期待できますから，最近では企業風土や組織風土を改善しようと工夫している企業もありますね。

学生A　例えばどんなことが挙げられますか？

人事B　簡単なことだと，人を呼ぶ時に役職をつけて呼ばずに「〜さん」と呼ぶ「さんづけ運動」がありますし，「ノー残業デー」「カエル運動」も仕事を早く終わらせて，趣味を楽しんだり家族との時間が持てるよう配慮した取り組みです。

学生A　えぇ？　仕事を早く終わらせることが，なぜ風通しのいい組織づくりにつながるんですか？？

人事B　確かに直接的にはつながらないかもしれませんね（笑）。　仕事を早く終わらせるというのは，ある程度計画していかないとできませんよね。計画的に余裕を持って仕事をしていくことを企業として社員に習慣づけてもらう中で，心身ともに健全な状態で仕事をする方が効率もいいはずです。趣味もできないような会社では，隣の席の人とも仕事の話だけになっちゃいますよね。

学生A　私はてっきりみんなで飲み会をしたり，レジャーを楽しんだりして親睦を図るのかと思いました。

人事B　もちろん，それもいいですよ。ただ，最近は特に若い人の間で会社の飲み会や行事には参加しないという人が増えていますね。だったら，労働時間を短縮して自由な時間を作ることで，飲みに行くのもよし，趣味をするのも，家に帰るのもよし……な方が，より自由なのかなと思いますね。

学生A　なるほど。そういう会社って，会社説明会とかで分かるものですか？

第5章　とりあえず生きている自分×何となくつながっている社会　　113

アットホームな会社がいいなぁ～。

人事B　ハハハ。確かにアットホームな会社っていいですよね。弊社でも説明会後のアンケートで「アットホームな会社で，より一層入社したくなりました」と書かれることがあります。でも，そこはあくまで説明会の場。仮にその人が入社しても，説明会にいた人の職場に配属されるかどうかは分かりませんからね。

学生A　じゃあそういう説明会はNGなんですか？

人事B　いやいや，そうではなくて，「制度としてどのようなことに取り組んでいるか」を見ることは，企業努力を見ているので説明会でも分かると思うのですが，アットホームな会社かどうかを説明会で見極めるのは難しいし，「説明会の場がアットホームだから自分が入社しても大丈夫」というわけではないですよ……ということです。

学生A　確かにそうですね……。あぁ，でもとても不安です。やっていけるかなぁ……。3年の夏に10日間のインターンシップに参加したんですが，もう職場全体が和気あいあいとしていて理想的だなぁ～って思いました。

人事B　それはちょっと違うんじゃないかな。

学生A　えっ，どういうことでしょうか？

人事B　インターンシップ生はあくまでもお客様。居心地が良いということはその分，周りが自分の数倍気を遣ってくれているということなんです。

学生A　はぁ，そうかもしれませんね。

人事B　そのくらい会社では周囲に対する気遣いは必要になるんです。

学生A　はい，分かりました。それと，私はキャリアウーマンとして長く働ければいいなと考えているのですが，女性比率が高い職場はそれが望みやすいところがありますか？

人事B　それはあるかもしれないですね。会社に長く残ってもらうためには賃金水準を高くするだけでは限界があります。特に，20代後半から30代前半の転職者の多くは処遇の高さ以上に，"仕事のやりがい"や"良好な人間関係"を重視する傾向があります。

学生A　学生ですが，私もまったく同感です。

人事B　新人時代はできる事がまだまだ少なくて，とにかく仕事を覚える時期。素直に，そして熱心に学ぶ姿勢があれば，どこででも大丈夫ですよ！　それと，分からないことは考えた上できちんとその旨を伝える。すると，先輩方もどのように教えたらよいのか分かりますからね。新人に教えることで，先輩たちも成長していくんですから。お互いに尊重し合う姿勢が大切なのではないかと思いますよ。

DISCUSSION

学生Aと人事Bとの「人間関係」に関する会話の中で，気になる箇所や共感できる箇所についてチェックしてみよう（話し合ってみよう）。また，学生Aを自分自身に置き換えて，自分と合うタイプや苦手なタイプについて考えてみよう。

第6章　とことん甘えてよい自分×どんどん使ってよい支援

第1節　組織の中で自分はどのように振舞えばよいのか

◆組織の一員になるとはどのようなことであるか。
◇労働組合の存在意義は何であるか。

▶組織の一員としての自分

　キャリアデザインを考える場合，外的キャリア[1]と内的キャリア[2]に分けて捉える方法と職務階級（職階）と職務遂行能力（職能）の相互関係で捉える方法が知られています。一般に，どのようなことでも知らないことに対して興味を持つことは難しいため，組織の中における役職の位（キャリアラダー[3]）の仕組みを理解しておくことは組織にとどまりキャリアを築くための大前提です。

　日本の会社の中で最も多い組織形態は株式会社です。また，社員数が1桁の会社が約8割を占めています。図表6-1は一般的な組織図です。企業によって組織体系や部署名は異なりますが，ライン部門[4]とスタッフ部門[5]に大きく分かれます。組織力を発揮していくには，メンバー間の相互作用に基づいた組織としてのまとまりが鍵になります。会社では企業理念に沿って社員1人ひとりがさまざまな立場から協力し合って仕事を行います。会社の目標は営業や技術など複数の組織目標に反映され，組織の目標はその社員1人ひとりの目標にブレー

---

1) 履歴書や職務経歴書に書く職歴。
2) 仕事の働きがいや就業満足度。
3) ラダーとはハシゴや階段のことであり，キャリアラダーが上昇することは出世を意味する。
4) 直接売上に関わる部門であり，「直接部門」とも呼ばれる。
5) ライン部門を支援する部門であり，「間接部門」とも呼ばれる。

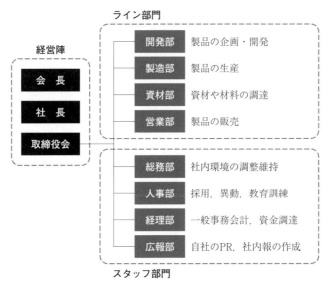

図表6-1　会社の組織図

クダウンされます。そして，実行された結果としての成功や失敗（反省）を通じた学習の積み上げによって真の組織力が形成されていくのです。社員1人ひとりの目標に向けた行動が組織の進むべき方向性と合致することによって初めて組織の目標が達成されるのです。個々人がチームや組織のあり方を忘れてバラバラに主張するとチームや組織の規律が乱れてしまいます。一方，自分を押し殺して組織に仕えるだけでは仕事が面白いはずがありません。組織が目指していることを認識し，その中で自らの役割を明確にすることが大切です。組織の一員としての役割に沿って行動することにより自己実現が図られ，個人としての成果を組織としての大きな成果につなげていけるようになります。

　1人ひとりのモチベーションや成績は，パーソナリティ（人格），コンピタンス（仕事上の能力）やスキル（技能）などの個人的な特性によって左右されますが，それだけに限りません。チーム内で置かれたそれぞれの立場や上司との関係の良し悪しで決まる部分が小さくないのです。社会人として組織に入れば，自己研鑽し責任ある仕事を任される人を目指す努力をしましょう。組織において，

上司と部下にはそれぞれ違った役割が期待されています。それぞれの能力を十分に発揮しながら役割を果たし，共通の大きな目標に向かって足並みを揃えていくことが重要になります。学生の皆さんなら，アルバイトの経験を通じて上司と部下のあるべき人間関係を学ぶように努めましょう。

▶人間力と行動力

近年，上司と部下が真剣に向き合うことが少なくなっているといわれます。上司が部下を本気で叱ることで，部下はその原因と対策を必死になって考えるような，お互いが"教える""教えられる"ことによって学び合える関係性が理想的です。上司は部下が将来素晴らしい社会人，企業人，国際人を育てるために忍耐強く指導を行うことが重要です。

ビジネスの世界で人間力[6]という言葉をよく耳にします。経営の状態を表す財務諸表に人材の良し悪しは記載されていませんが，人材こそが企業を支える最も重要な経営資源になります。人材こそが付加価値を生む源泉なのです。人間力の基本は組織の内外で人と人とがつながる力（＝心と心を通わせる力）です。それが組織の中でチームワークを醸成し，顧客との信頼関係を築く礎になるからです。

次に，知識を活用して考察し，新たな知恵を生み出す能力も重要になります。社会の中では答えが複数あったり，そもそも答えなしという場合がよくあります。多面的な視点から柔軟に考えを思い巡らし，さまざまなケースを仮説・検証していく貪欲さが求められます。つまり，学生時代に身につけてきた単純に解答を見つけ出す力ではなく，新たに創造していく努力になります。

もう1つ重要になるのは行動する力です。チャンスは平等に全員にやってくるとは限りませんが，成果に結びつく幸運は自ら手を上げて行動する人にしか宿りません。正しく，とりあえず志向ということになりますが，無策ではいけません。コストパフォーマンス[7]を上げるために「心の知能指数」（EQ）[8]を高く

---

6) 仕事において優れた能力を発揮する人に共通して見られる能力。
7) コスト効率。少ない費用で大きな成果が得られることを「コスパが高い」と表現する。
8) 他人の感情を察知したり，自分の感情をコントロールする知能。米国で提唱された概念。

118 《つながるの巻》

保つ必要があります。EQが高い人は自らの動機づけが上手く，かつ感情コントロールができるだけでなく，他者の感情を正しく受け止めることに長けていることが特徴です。実際，IQよりもEQの方が仕事のおけるアウトプットと強く相関があるという実証結果は，多くの企業でEQテストが採用や教育・研修に利用されている所以です。

▶予見・予知能力

　一般的に，経済・社会で生じる事象や様相は確率的であり，断定的に決めつけることはできません。通常は，統計的手法によって平均値（期待値）を測定したり可能性の広がりを調べます。その中で，何が命運に関わる問題かを明確に認識しなければなりません。テールリスク[9]を見落とすことなく，事前に対応を検討することが大切です。ある会社では，優秀な若手社員から順に退職していく逆選択[10]の状況が続いたため退職理由を調査しました。突き詰めていくと，「先の将来がまったく見えないから辞めた」「先のことが完全に見通せてしまった」という両極端な理由に二分されたのです。

　自分の人生において，目に見えるものだけに偏るとバイアスがかかる（キャリア・ミスト[11]がある）ことを知った上で，次の「3つの眼」を意識しておきましょう。第1に，空の上から俯瞰し全体を把握する視点（鳥の眼）です。第2に，実地においていろんな角度から体験的に捉える視点（虫の眼）です。第3に，将来を予見する時間的・空間的な長期的視点（魚の眼）です。

　ビジネスの世界では，現実の課題に対して，3現・3即・3徹[12]で当たることが原則です。前述した5Sの推進のために取り組んでいる会社もあります。リスク感覚を研ぎ澄ませながら，大きな夢や目標に向けて果敢に挑戦するチャレンジスピリットとリーダーシップが成功の秘訣といえます。熱い思いに満ちた行

---

9) 起きる確率は低いものの，発生時に甚大な損失をもたらすリスク。

10) 取引される財の品質についての情報が不完全なために，品質の劣る財が多く出回り，品質の良い財の取引が阻害されること。

11) 霧がかかって先の将来が完全に見通せない状態のことを指す。高橋（2002）によれば，目に見える1/3と目に見えない2/3に分けられるという。

12) 現場・現実・現物を基に感性を持って，即時・即座・即応の行動力で実行に移し，徹頭・徹尾・徹底のこだわりで実践するという行動指針のこと（大谷（2014））。

第6章　とことん甘えてよい自分×どんどん使ってよい支援　119

動力の発揮のためには，目的や目標を強く意識することが大切です。

　日本ではこれまで労働組合が十分に機能してこなかった分，労働基準監督署や裁判所への負担が大きかったことが問題視されています。労働組合によるチェック＆バランスが利いていれば行政が介入する必要性は減るからです。長期的視点で見た場合，企業はチェック＆バランスの観点から労働組合を尊重する姿勢を持った方が良いと考えられます。世の中にはある程度の利益が相反することは珍しくないからです。労使紛争がまったくないという会社はありえません。どんな良い会社，どんな優秀な経営者であっても，社内の不満がゼロになることはないといえるでしょう。会社がどんなに努力していても，何かの労使間の紛争や軋轢はどうしても起こりえます。労働者側が表面上は会社側と対決するような主張をしてきた時でも，正しい指摘であれば会社側がその指摘を認めることが会社の発展につながるという思想を持つことも予見・予知能力を高める行為といえます。

▶労働争議モデル

　現在のような労使交渉のスタイルが成立する前は「ぐるみ闘争（家族ぐるみ・地域ぐるみ）」により，労働に関する問題の解決を図ってきました。企業と交渉するにあたり，個人では立場の弱い労働者は労働組合を結成します。これは労働基本権のうち，労働3権（団結権・団体交渉権・団体行動権）と呼ばれる憲法で保障された権利です。

　一般的に賃上げとは，定期昇給（定昇）[13]とベアの合計による賃金の増額のことを指します。1990年代に入ると賃上げ率が大きく低下し，日本経済が長い低成長とデフレに入る中，1999年以降にはベアは見送られるようになり，2002年には賃上げ率が初めて2％を下回りました。その後は，定昇が中心の賃上げが定着しています。

　労働組合は，個人では圧倒的に不利な立場にある労働者が団結し，争議権を背景に団体交渉を行うことによって，労働者の交渉力を使用者（事業主）と対等

---

13)　毎年のある時期にその企業の制度に従って行われる昇給のこと。

図表 6-2　労働争議モデル

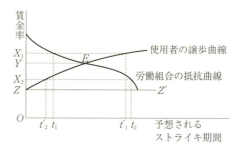

(出所) 脇坂 (2011)。

雇用条件の改善を訴えるデモ行進

な立場に引き上げるための組織です。つまり，交渉力の対等性を担保するには集団の力による必要があり，個人よりも集団の意思決定を優先する考え方が伝統的に取られてきました。

　図表6-2は労働争議のメカニズムを理論的に捉えたものです。使用者側はストライキによる被害と要求される賃金とを比較しながら，組合の要求を受け入れるか，もしくは，抵抗を続けるかを検討します。使用者の譲歩曲線とは「ストライキを避けるために払っても良いと考える最高の賃金」のことですが，ストライキ期間が長びくほど支払わなければならなくなる賃金が高まるため右上がりになります。一方，労働組合の抵抗曲線とは「ストライキを行わずに受け入れても良いと考える賃金」です。労働組合が提示される賃金が低いほどストに耐えようとするため右下がりになります。

　賃金率がOX_1となる時，労働組合が考えているスト期間 (t_1) は使用者が我

慢できるスト期間（t'_1）よりも短く，我慢できる余地は労働組合の方が少ないため労働組合側が譲歩して賃金を引き下げざるをえなくなります。一方，賃金率がOX_2にある時には使用者側が考えているスト期間（t'_2）が労働組合が我慢できるスト期間（t_2）よりも短く，使用者の方が我慢できる余地は少ないため，使用者側が譲歩して賃金を引き上げざるをえなくなります。結局，予想されるストライキ期間は両曲線の交点Eで決まります。労使の譲歩により賃金率はOYに決定することになります。実際に，中小企業では大企業の結果を見てから交渉が進められることが多く，妥結の時期は遅くなる傾向が見られます。

第2節　労働者の権利保護は自らで行うべきものなのか

◆労働者の権利に関する知識をどこまで蓄えればよいのか。
◇労働者の権利をどのようにして行使すればよいのか。

▶知識習得とソーシャルスキル

　誰にでも労働トラブルに見舞われる可能性があることからも，自己防衛を考える以前に「何かあった時にいつでも相談できる」ということを心にとめておくことが何よりも防衛策になります。学生アルバイトの場合でも，「非正規雇用であっても権利がある」ということを知っておいて，働くことを支える自分の権利についてどんな時でも考えられるようになっておくことが大切です。しかし，学校の授業等で学んだ労働法の知識を体験として使った経験のある人は読者の中でも少ないと思います。例えば，アルバイトなどをしていて「何かおかしいぞ！？」と思えた時にはたいてい法律違反である場合が多いです。むしろ，そういう時にこそ，相談をすれば応じてくれる人が自分の周りに存在することを思い出せるような引き出しを持っていれば恐れるに足りません。アルバイト先との交渉経験を通じて理解した学生の職業人意識への影響はとても大きいものがあります。筆者自身，労働法関連の授業を通じて，学生たちが直面している現実と学校での学びがつながればきちんと教育意義を感じて興味をもって学ぶ学生が大勢いることを知っています。残念ながら，現状ではワークルー

ルの知識不足や認識の欠如のために，そういうものだと思い込んで疑問にすら感じないケースがかなりの部分を占めると思われます。2004年の「キャリア教育の推進に関する総合的調査研究協力者会議報告書」（文部科学省初等中等教育局児童生徒課）では，キャリアを積み上げていく上で最低限必要となる知識として，以下のものを掲げています。

● 労働者（パートアルバイターを含む）としての権利や義務
● 雇用契約の法的意味
● 求人情報の獲得方法
● 権利侵害等への処理方法
● 相談機関等に関する情報や知識等

　重要なことは，単なる知識武装ではなく，わが事として覚知することが労働者の権利保護のための第1ステップになるということです。すなわち，「これはおかしい！」と感じることができる力を身につけておくことです。労働法に関する知識量の問題以外にソーシャルスキルの欠如が指摘されています（吉田 (2014)）[14]。知識の保有量は必ずしも実際の権利行使と相関しません。学生指導上，習得した知識を具体的にどういう形で活用すればよいのかということと並行して，コンタクトの取り方，メールや電話のかけ方，ビジネスマナーをはじめとして，「働くこと」全般に関わる幅広い相談や対応が大切です。労働法教育はキャリア教育の一環といえます。「ライフ」に包摂された「ワーク」を育むには，労働法の一定知識が必須になるからです。

　学力面でなかなか力が発揮できなかった層の背後には，家庭の厳しい経済事情の問題が潜んでいることが多いようです。キャリアを支える金銭に関わる教育として，奨学金を通じた労働法教育は身をもって学ぶための有効な方法です。自らのキャリアを具体的に展望する際，社会や雇用，金銭に関わる知識は不可欠ですし，資金計画も含めた冷静な判断が求められるからです。また，大学1～2年生向けには国民年金の学生納付特例制度などを通して社会保険に関わる

---

14) 社会の中で普通に他人と交わり，共に生活していくために必要な能力のことである。社会技能ともいう。

知識をキャリアを支える基本知識として修得させることも可能です。学生たち
が自覚的にキャリアを生き抜いていくためには，細かな知識以上に当事者意識
を敏感にしておくことが重要になるのです。

▶権利行使のための基盤

では，「知識習得→権利行使」を上手に機能させるにはどのようなことが必
要なのでしょうか？　他人に相談するための心のベースを培うことが大切です。
例えば，人への基本的な信頼感，「何事もやればできる（変えられる）」と思え
る前向きな姿勢（自己効力感[15]），自分だけで抱え込まないオープンマインド（例え
ば，ジョハリの窓の「開放の窓」[16]）などです。人生役割が増えるにつれて，きちん
と労働条件が守られなければ働き続けることが難しくなっていきます。D.
Super（1990）は個人が社会の中で何らかの役割を果たしながら生きていく時に
描かれる軌跡がキャリアであるとしています。そうであるならば，自分自身の
キャリアについて考える際には，キャリアを生きる個人を見つめる視点とその
個人を取り巻く社会を見つめる視点の両方が必要になってきます。なぜなら，
本人の希望と適性だけでその人のキャリアが決まるわけではなく，家庭の経済
力や社会全体の仕組み，経済動向などから受ける多大なる影響は不可避だから
です。いたずらに不安ばかりを煽る教育は望ましいとはいえません。例えば，
ブラック企業の対極にあるホワイト企業は，定着率100％の新入社員に優しい
会社というイメージが広がっていますが，本当に良い会社かどうかは分かりま
せん。企業規模にこだわらずどんな会社が優良企業なのかを自分目線で判断す
る力が重要になります。

したがって，職業観や勤労観の涵養を通じてキャリア発達を促すことに加え
て，学生たちが生きている社会のさまざまな制度や経済的な環境について十分
理解させることも重要です。セーフティネット[17]となる諸制度やそれを活用する

---

15) 自分自身に対する信頼感や有能感に関する自己認知のこと（Bandura（1982））。
16) 対人関係や円滑なコミュニケーションのための自己理解を深めるモデル。自己認知と他者か
らの認知の程度により，「開放の窓・盲点の窓・秘密の窓・未知の窓」の4つのカテゴリー分
類をして理解する方法。
17) 雇用に関する社会的制度。近年，格差が社会問題化し生活や雇用に不安を抱える国民が急増

ための具体的な相談窓口を知っておくことは，自分の人生キャリアを支えるための基盤となります。労働に関連する法律を十分に知っておくことは，自らの権利を守り，安定して働くことにつながります。将来の働く現場における「困った状況」に対応できる力こそが，キャリアの継続を支える真の社会人基礎力といえるのです。

第3節　いつ何時・誰に相談すればよいのか

◆紛争解決手段にはどのようなものがあるのか。
◇労働法制を知ることと使うことはどこが違うのか。

▶集団的解決の大切さ

　資本主義成立期には，労働者の労働条件は劣悪を極め，低賃金，長時間労働，児童労働，不衛生で危険な労働環境は一般的なものでした。現在では大きく状況が改善されていますが，依然として，職場や産業構造の問題があたかもすべて個人的な心の持ちよう，あるいはメンタルヘルスという医療の問題と捉えられがちです。それは働くことに行き詰まった時に「これは職場の問題だ。労働問題なんだ」と考える思考回路が身についていないからです。昨今の学校現場でも，労働組合は単に権利があるだけでなく，権利行使のノウハウをもち，実行できる人たちの集団（支部・分会）[18] であるというレベルにまで落とし込んだ教育はできていないのが現状です。

　例えば，積極的な賃上げを実行させるべく春季労使交渉（春闘）[19] を行うためには，まず労働者は企業と対等な立場で交渉するため，労働組合を結成し団体で交渉を行うことになります。労働者側の中央組織である日本労働組合総連合会（連合）[20] と経営者側の代表である日本経済団体連合会（経団連）がそれぞれの

　　　していることもあり，生活保護制度は「最後のセーフティネット」と呼ばれる。
18）　合同労働組合などの分会（職場単位組織）や支部のことであり，組合員の要望を活動に反映させるために結成される。
19）　労働組合が毎年に経営者側に全国一斉に賃上げを要求する仕組み。
20）　労働組合のナショナルセンターとされる全国の中央組織。

第6章　とことん甘えてよい自分×どんどん使ってよい支援　125

交渉に対する姿勢を示すことで始まります。このような労働者と経営者が定期的に改めて向き合う場は大変重要ですし，労使間で話し合いをするための常設的な場として労使協議機関を設けているところも存在します。ただし，労働組合は会社と敵対関係にあるわけではありません。あくまでも，会社が提供するサービスを向上させ，健全な発展を目指すものです。労働問題は個人の問題ではなく集団的労使交渉で解決の道を探っていく問題であることを心にとめておきたいものです。

2008年9月のリーマンショックの影響を受けて，非正規労働者の解雇，雇い止めが多発しました。非正規労働者の7割近くが女性であることからも，女性の解雇や雇い止めが顕著であると考えられます。非正規労働者は景気の調整弁として常に職を失う不安を抱えており，その分労働トラブルは多く，トラブル内容も多様化しています。そもそも「正社員にならない生き方」がキャリアの1つの選択肢になるには「いずれ正社員，あるいはその妻になれる」という見込みが支えていたという面があります。しかし，徐々に経済や国際競争の状況が厳しくなる中で，そうした暗黙の了解が保たれず，将来の展望が持てなくなってきたといえます。

失職を防ごうとして我慢しすぎるあまり心身が不調になったり，職場に居づらくなりそのまま辞職するケースも少なくありません。競争社会，成果主義，正規・非正規雇用の格差，人間関係の分断などで精神的ストレスを感じる労働者は確実に増えています。仕事や職業生活に関して強い不安，悩み，ストレスが「ある」という労働者の割合は50.8％です。職場の人間関係に悩む女性は男性よりも多いのが実態です（男性30.4％，女性50.5％）。民事上の個別労働紛争に占める「いじめ・嫌がらせ」は増加しており，精神障害による労災請求件数も年々増加しています。実際，メンタルヘルス対策支援センターが創設されセクハラに起因する精神障害について労災認定基準の見直し作業が始まっています。

---

21) 労働条件や福利厚生などの事項を労使で協議するための常設機関。約4割の事業所にある。

22) 不況になれば余剰労働力を縮小し，景気が上向くと労働力を補充しようとしてバランスを取る働きをするもの。賃金も安い非正規雇用は景気の変化に応じて伸縮的に調整することができるため企業で多用されている。

23) 2007年にはパワーハラスメントによる自殺に初めて労災を認めた東京地裁判決が出された。

多様化する労働紛争を解決していく上で労働組合は労働者側にとって大きな存在であることに違いありません。また，日本の労働法制では2人の人が「組合を作ろう」という結成宣言をすれば組合が作れる仕組みになっています。世界的に見ても労働運動を始めやすい国といえます。

にもかかわらず，活動の障壁になる要素がいくつかありました。まず，大企業の正社員を中心としたものが多く，非正規労働者が対象外になることが少なくなかったという点です。現状では，総合労働相談の利用者は非正規労働者の方が増えています（**図表6-5**のコミュニティ・ユニオン参照）[24]。次に，労働運動の存在を知りつつも自分たちのやることではなく年長者がやるものと傍観する若者が依然として多い点です（SEALDs参照）[25]。さらに，どこに，どのような手続きをしたらよいのか労働者には分かりにくい点です。紛争が生じた場合，職場の上司や労働組合に相談する場合も多いため，企業内の苦情処理制度を充実させることも必要となります。

人事労務管理の個別化や雇用形態の変化等に伴い，個別労働紛争が増加しています。これらの紛争の実情に即した迅速かつ適正な解決を図るため，都道府県労働局長の助言・指導制度，紛争調整委員会のあっせん制度の創設等により総合的な個別労働紛争解決システムの整備が図られています（**図表6-3**参照）。

〈紛争解決のための主な相談先〉

● 労働基準監督署への相談（申告）；実際に労働者が労基署に申告した場合には，監督官が事実を確かめるために事業主に電話して，諸帳簿等を持参のうえ労基署へ来署するよう連絡を取ります（労働基準監督官は行政指導として是正を命じ報告させる権限を有しています）。

● 民事訴訟；時間も費用もかかり労働者にとって負担が大きい。

● 労働審判制度；迅速，適正かつ実効的に解決する目的で使用者と労働者の個々の民事的な紛争（個別労使紛争を取り扱います）。

---

24) 件数は110万件，相談内容は「いじめ・嫌がらせ」「その他の労働条件（自己都合退職など）」が増加傾向にある。

25) 自由で民主的な日本を守るための学生緊急活動（2015年3月結成）。「Students Emergency Action for Liberal Democracy-s」。当学生団体では当事者の立場から若者の政治参加への意識を強調する。

図表6-3　個別労働紛争解決システム

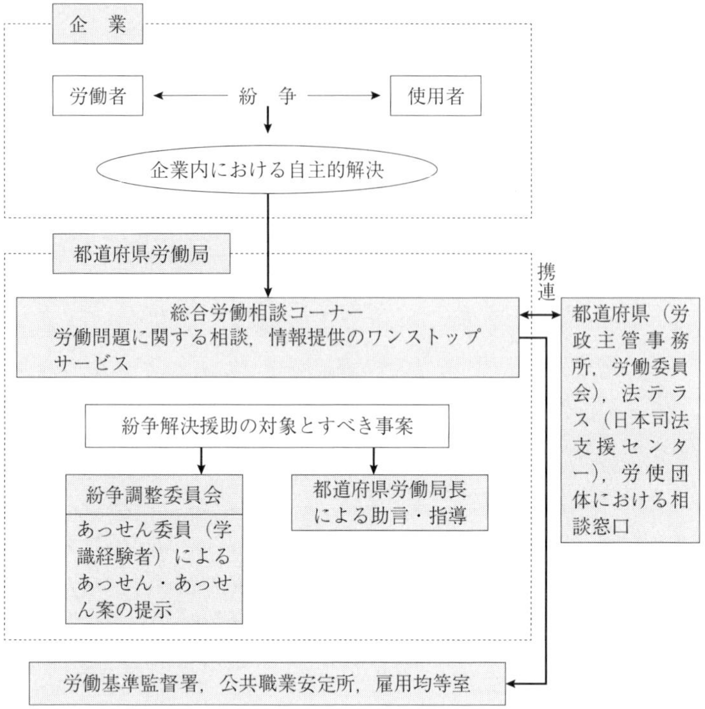

企　業

労働者　←　紛　争　→　使用者

企業内における自主的解決

都道府県労働局

連携

総合労働相談コーナー
労働問題に関する相談，情報提供のワンストップ
サービス

都道府県（労
政主管事務
所，労働委員
会），法テラ
ス（日本司法
支援センタ
ー），労使団
体における相
談窓口

紛争解決援助の対象とすべき事案

紛争調整委員会
あっせん委員（学
識経験者）による
あっせん・あっせ
ん案の提示

都道府県労働局長
による助言・指導

労働基準監督署，公共職業安定所，雇用均等室

（出所）　厚生労働省パンフレット「職場のトラブル解決サポートします」。

● 労働委員会

● 日本弁護士連合会

　ただし，在職者数名が弁護士を代理人にしてさまざまな要求をする場合には
請求金額も高くなる傾向があります。特に，連係プレーで業務を行う業種では
情報伝達も早いため，在職者から請求が行われた場合には他の従業員がこれを
知り同調する可能性も高まることが考えられます。労使双方にとって紛争は起
きないに越したことはありません。使用者側が知らず知らずのうちに違反して
いるケースもあるため，諸規則等の内容と勤務実態と合致しているかについて
の再確認が自助努力として求められます。現在の労働法制（労働者の保護ルー

128　　《つながるの巻》

図表 6-4 労働法制の動き（2000年代以降）

2000年	
3月	改正介護労働者法成立（介護労働者の労働力の確保ほか）
5月	改正雇用保険法成立（基本手当の給付体系の変更，雇用保険料の引き上げほか）

2001年	
4月	再就職促進関連一括法成立（求人の年齢制限撤廃を事業主に課す〔努力義務〕）
6月	個別労働関係紛争解決促進法成立（総合的な個別労働関係紛争解決制度の整備）
11月	改正育児・介護休業法成立（育児・介護休業による解雇など不利益禁止，介護のための休業ほか）

2003年	
4月	改正雇用保険法成立（高年齢雇用継続給付の支給率の変更ほか）
6月	改正労働者派遣法（製造現場への派遣解禁，原則として最長1年とされている期間期限が最長3年に緩和ほか）・改正職業安定法（職業紹介事業の許可・届出制の見直し）成立
6月	改正労働基準法成立（有期雇用契約を原則として契約期間の上限を3年または5年に延長，解雇規制明記ほか）
7月	次世代育成支援対策推進法成立

2004年	
4月	労働審判法成立
6月	改正高齢者雇用安定法成立（65歳まで雇用継続義務づけほか）
12月	改正育児・介護休業法成立（育児・介護休業者の対象拡大，育児休業期間の延長・子どもの看護休暇制度の創設ほか）

2006年	
4月	改正男女雇用機会均等法成立

2007年	
4月	改正雇用保険法成立（給付における短時間労働被保険者区分の廃止ほか）
5月	改正パートタイム労働法成立（雇用条件の文書での明示，事業主の説明責任ほか）
11月	改正最低賃金法成立（生活保護に係る施策との整合性を配慮ほか）
12月	労働契約法成立

2008年	
12月	改正労働基準法成立（時間外労働の割増賃金率の引き上げ，年次休暇の時間単位取得ほか）

2009年	
4月	改正雇用保険法成立（雇用保険を受給できる要件〔保険料納付期間〕の短縮ほか）
6月	改正育児・介護休業法成立（育児休業の取得可能期間延長，3歳までの子どもを養育する親に短時間勤務制度〔1日6時間まで〕の措置を事業主に義務づけほか）

2012年	
3月	改正労働者派遣法成立（登録派遣型廃止や製造業派遣原則禁止は見送り）

2015年	
9月	青少年の雇用の促進等に関する法律（若年雇用促進法）成立。ハローワークでの新卒求人不受理，求人企業による雇用情報開示の規定。

第6章　とことん甘えてよい自分×どんどん使ってよい支援　129

ル）は戦後日本の労働者や労働運動により積み重ねられてきたものです。しかし，近年の法改正はそれに逆行するものとの見方があります（**図表6-4**）。例えば，2012年の労働者派遣法の全面自由化は不安定雇用と低賃金の派遣労働者を増大させる危険性があると懸念されています。2015年の派遣労働法改正で実質自由化となり，これまでの正社員の仕事だった業務が派遣労働者に置き換えられるとの見解があります。労使ともに関心を持って動向を見守る必要があります。

▶新たな紛争解決手段

近年，ユニオンや女性労働関連の全国ネットワークのような新しい形態の運[26)]動体が生まれた背景には，1990年代後半以降に顕著になった非正規雇用の増加に対して従来の（企業別）労働組合では対応しきれなくなったことが挙げられます。例えば，派遣労働者は雇い主（および派遣先）が定まっていないことが多[27)]く，従来の企業別組合では対応は難しい面があります。派遣労働者は不本意型[28)]が多く，現在の働き方を選んだ理由として「正社員として働ける会社がなかったから」が44.9％に上り，パートタイム労働者（16.0％）や契約社員（34.4％）に比べても高くなっています（厚生労働省「平成26年就業形態の多様化に関する総合実態調査」）。

1990年代中頃，特定労働者（管理職ユニオン，女性ユニオン，青年ユニオン）を志向するユニオンが増加し，2000年代には派遣ユニオン，フリーター全般労組などのようなパート以外の非正規労働者を対象とするものが多く誕生しました（**図表6-5**）。

---

26) 雇われ方や所属企業に関係なく，1人でも加入できる個人加盟型の労働組合（⇔企業別組合）。個人加盟ユニオンの数は約300，メンバー数は5万5000人ともいわれる。実際には，個人加盟ユニオンと合同労組の混合型の組合が多い（2009年時点）。

27) 2015年9月の通常国会では派遣労働者に関するワークルールが見直された。労働組合や野党の運動により過去最高の39項目もの附帯決議を確認したものの，派遣労働の常態化への改悪とする意見も多い。

28) 基本的に，労働組合はそれぞれの企業ごとに設けられ，その上部に産業別や系列会社別の組合が組織されることが多い。

29) 所属する職場や雇用形態に関係なく，産業別，業種別，職業別，地域別に組織する合同労働組合。企業内労働組合のない中小企業の社員たちが個人単位で加入するケースが目立っている。

130　《つながるの巻》

図表6-5　ユニオン結成の動向（2000年代以降）

2000年	
2月	日本介護クラフトユニオン
9月	全国一般ダイエー・パート分会
11月	新宿一般
12月	首都圏青年ユニオン

2001年	
3月	東京ケアユニオン
4月	東京介護福祉労働組合
10月	北海道ウイメンズ・ユニオン（前身はさっぽろウイメンズ・ユニオン〔1993年設立〕）
11月	首都圏移住労働者ユニオン

2002年	
11月	全国コミュニティ・ユニオン連合会

2004年	
1月	働く女性の人権センター「いこる」
4月	全国ファイナンス・ユニオン
5月	人材サービスゼネラルユニオン
8月	フリーター全般労働組合

2005年	
4月	全労連ヘルパーネット
6月	有期雇用全国ネットワーク
6月	派遣ユニオン

2006年	
5月	日本マクドナルドユニオン
5月	日本ケンタッキーフライドチキン労組
10月	「ガテン系連帯」
10月	日研総業ユニオン
11月	フルキャスト・ユニオン
12月	フルキャスト・セントラル・ユニオン

2007年	
1月	働く女性の全国センター（ACW2）
1月	女性ユニオン名古屋
2月	日立派遣ユニオン
4月	シニアユニオン
3月	グッドウィルユニオン
10月	非正規労働センター（連合） 反貧困ネットワーク 首都圏美容師ユニオン
12月	反貧困たすけあいネットワーク

2008年	
7月	非正規雇用労働者全国センター（全労連）
9月	女性と貧困ネットワーク

2009年	
12月	キャバクラユニオン

2010年	
8月	一般社団法人ユニオン運動センター（UMC）

2011年	
4月	震災ユニオン
8月	パープル・ユニオン

コミュニティ・ユニオンは非正規労働者の受け皿とされています。合同労組の自主解決率 (67.9%) は他の個別労働紛争解決機関の和解・斡旋成立率よりも高く，セクハラ紛争解決能力も高いという特徴があり，存在意義は大きいといわれています。加えて，労使紛争の解決にとどまらず，労働市場で不利な立場の労働者のユニオンへの組織化を通じて，労働者同士の企業を超えた連帯の強化を図る動きが目立ち始めています (鈴木 (2013))。一方で，財政難や組合員の定着率の低さといった大きな課題が残されています。共済の充実や組合員の"居場所づくり"などを工夫して争議解決の過程を通してエンパワーメントすることが必要です。

本章を通じて，劣悪な労働条件から自らを守るための知識・知恵と手段が労働者側に不足していることは再三指摘してきました。極端ないい方をすると，辞めさせる会社側は周到な準備を進めた上で排除行動を取ります。それに対して，労働者側はそれに対抗する知識も手段もないままに限界まで自分1人で頑張っていることがほとんどです (吉田 (2015))。ブラックといわれるような企業は違法な労働条件の下で大量に労働者を雇用しておきながらその環境に適応できない労働者を次から次へと辞めさせるシステムになっています。初めから達成不可能なノルマを与えておきながら，達成できないのは本人に責任があるとして始末書や反省文の提出を何度も求めて，当事者を精神的に追い込んでいくという手法がよく使われます。会社の不当な手口に対して何もいえないままに最終的に辞表を書かされてしまうほど辛いことはありません。「できない自分が悪い」という自責の念に陥り，うつ状態に追い込まれてしまうケースも続出しています。

近年，「できないあなたに問題がある」という自己責任の論調は減ってきたものの，まだまだ自分1人で何とかしなければいけないというのが現実かもしれません。会社の悪質な雇い方から自分を守るために適切に対処できるような知識や手段を1人ひとりの労働者が知るようになれば，そのこと自体が悪質な会社への有効な抑止力になっていくことが考えられます。

▶権利行使の困難性

労働法の知識があっても，自分の権利を主張してよいという意識が社会に根づかなければ，結局のところ，法律で守られる社会は実現しません。労働者が法律で守られることや権利を行使できることが分かっていることと，実際に行使できるかどうかはまったく別問題です。社会の価値観を変える啓蒙が継続的に必要なことはいうまでもありません。一般的に，会社に1人で立ち向かうことは相当難しいといえます。

例えば，「客観的に合理的な理由を欠き，社会通念上相当と認められない場合は，解雇できない」と労働契約法の条文には書かれていますが，不当に解雇されそうになっている1人の労働者がこの条文を使って会社に解雇を辞めさせることができるでしょうか？　仮に，本人にとって合理性を欠くと思えるものであっても，会社側が「合理的な理由がある」と主張して譲らない場合に誰が合理性の判断をするのでしょうか？　すぐに提訴するべきなのでしょうか？

あくまでも条文は条文でしかありません。結局のところ，現場で守らせる力が必要になりますし，法律で裁けない部分は団体交渉や団体行動によって追求していくことが必要になります。そして，個別労働相談を受けるユニオンに相談することなどを繰り返していくことが重要なのです。例えば，労使紛争後も女性ユニオンにとどまり続ける組合員の事例を検討した仁井田 (2014) の研究は，労働運動による目覚ましい成果が期待できない中でも，人とつながることでお互いの存在を認め合える機会 (緩い連帯) や仲間意識を獲得することが使用者に立ち向かう原動力になることを教えてくれます。

一方で，「ブラック企業に入らなくするにはどうしたらよいか」といった質問を学生から受けることがありますが，こうした発想をする者には，求人票の見方などの個人的な課題解決支援が先決になります。ブラック企業とは労使関係の問題であって，働き方の集団的な規制ができないことが問題の根本にあるからです。そうした状況改善の延長線上に自己責任論の克服があるのではないかと考えます。ブラック企業に吸収される若者の労働問題の歴史的背景には，曖昧な労働契約を締結する日本の労使契約の慣行があります。また，企業をめぐる環境の悪化，さらには新設校と大卒者の増加によって企業と大学との信頼

関係が壊れつつあることが挙げられます。

第4節　団体交渉に関する労働者側×使用者側のホンネ対談

学生A　最近，友人たちとの間で休憩時間にブラックバイトの話をすることがあります。

人事B　それだけ学生さんの間でも関心が高まっているということなのでしょうか？

学生A　そうですね。ただ，ウチは労働組合があるなんていわれても，正直ピンとこないのです。私のバイト仲間では労働組合に入っている人は誰1人いなかったですしね。

人事B　確かに，労働者全体で見ると労働組合に加入する人の割合は年々下がってきていますね。戦後は組織率が50％という時代もあったらしいんですが，今は17〜18％くらいです。

学生A　それは労働組合の存在意義が次第になくなってきているということなのでしょうか？

人事B　いやいや，まったくそういうことではないですね。産業構造や就業構造が大きく変化したことにより，労務管理のあり方も変わってきたという事情があります。

学生A　例えば，成果主義とかっていうのもそうですか？

人事B　そうそう，年俸制や裁量労働制などもそうだね。

学生A　ということは，逆に労働者の権利を自分たちの手で守ることが必要になってきているということなのでしょうか？

人事B　うん，そうだね。実は，労働組合の結成は働く人たちのためだけでなく，企業にとってもさまざまなメリットがあることも事実なんです。

学生A　えっ，意外です！　組合活動って，労働者側が労働条件を改善するために激しく訴えて争っているというイメージしかないのですが。

人事B　もちろん，実際に組合活動を面倒がる上層部は多いと思うけれど，労働組合があることによって，企業の経営管理面や労使の信頼関係に改善の変

化が現れることだって十分に考えられますからね。

学生A なるほど。

人事B 職場の生の声を収集し，レベルの高い判断を基に経営に対して意見提言をすることで，組織の風通しが良くなるし，モラルアップにもなりますから。

学生A そういえば，先日，ある会社の前を通った時，労働組合の人たちが拡声器を持って必死に何かを訴えているのを見かけました。通行人にもビラ配布をしていましたが私は受け取りませんでした。正直いって，組合活動をやっている姿にあまり良いイメージがなくて……。

人事B んん〜，そうした組合による情宣活動やビラ配布を下手に禁じて，不当労働行為なんて判断されてしまうと，たまったもんじゃないねぇ〜。せめても，採用活動時期は避けてほしいというところが本音かな。もし，重なってしまうと，応募した学生がビラを受け取った結果，会社を不安視することにもなりかねないだろうし，確実に印象が悪くなるだろうね。

学生A では，もっと労働者を大切に扱ってもいいように思いますが。ある知人の会社では労働組合がすごい強いらしくて，なかなか解雇とかもできないし，従業員は守られていると聞きました。

人事B 学生の身でありながら立派な発言だね！

学生A いえいえ，生意気なことをいってすみません！でも，"使い捨て""社畜"という言葉を聞くと本当に不安になります。

人事B メディアが煽っているという面があるかもしれませんね。組合員のさまざまな要求を集約して労使間の合意形成を促進することが，効率的な経営を助けることもあります。でも，あなたのような感覚の持ち主なら大丈夫だと思うよ。

学生A もし，入社した企業に労働組合がなければどうすればいいんですか？

人事B 最近では，労働組合が存在しない会社の従業員たちや労働組合に加入資格が認められていない非正規労働者たちで組織するコミュニティ・ユニオン（地域合同労組）が盛んですよ。

学生A あ，それ聞いたことがあります。確か，そういう内容のドキュメンタ

第6章　とことん甘えてよい自分×どんどん使ってよい支援　135

リー映画を大学のゼミで観ました。組合のリーダーのような人が先陣を切って会社本社に集団で乗り込んでいくような話だったと思いますが……。

人事B　そういう労働組合の役員には幅広い知識と豊かな人間性・強いリーダーシップが求められます。だからこそ，その経験を通じて人間としての成長が図られる面も否定できません。結果として，企業内の人材育成につながるのであれば，なおさら会社側は誠実な対応が求められるということになりますね。

DISCUSSION

学生Aと人事Bとの「団体交渉」に関する会話の中で，気になる箇所や共感できる箇所についてチェックしてみよう（話し合ってみよう）。また，自分自身に置き換えてみて，不当な扱いを受けた経験や当事者となった場合の対処法について考えてみよう。

終章 自分軸(縦串)と社会軸(横串)をクロスさせた実践的キャリアデザイン

　前章までの内容を通して，自分軸と社会軸を交差させて物事を考える視点を大前提に論じてきました。自分の置かれた状況を冷静に認識することは勇気を持って次なる一歩を踏み出すために不可欠な要素だからです。そのためにも，自分のことだけでなく社会の現状を知り，知りえたことを自分なりの視点で考えた上で人とつながりながら行動していくことが，自覚的にキャリアを築くことそのものであることを，本書では明らかにしてきました。序章でも触れた通り，とりあえず就職(正社員)のような安定志向の人々ばかりでなく，不利な労働条件の下で働くことが多い女性，高齢者，非正規雇用の人々が自己キャリアを「自覚」して生きるための方策についても，本書では考察してきました。仕事をすることで自立した生活を過ごすことは，社会人として大変重要な行為であり，"働くことは生きること"といえます。日々，働くことは"生き様"を刻んでいくことに他なりません。さらに，長く働き続けることを希望する場合には，最低限の働くルール(いざという時に支援が求められる術)を身につけておく備えが大切であることも随所に示してきたつもりです。この先，働き方のルールや常識は時代とともに少しずつ変化していくことが考えられます。自分らしく，"働く"を"生きる"社会の実現に向けた価値観に変えていく啓蒙を，私たち全員に関わる社会全体の問題として，皆で継続的に行っていく必要があると考えます。

　さて，近年「部下を叱れない上司」「上司のいうことをきかない部下」が取り上げられることがあります。その原因は，お互いに実感が持てないからだと思います。筆者は初職(専修学校教員)の時，上司に当たる先生から「教員と学生が遊離し，心が通じ合えない授業は一番ダメだ」と教えられました。つまり，

教師は知っていることの発表をするのではなく，勉強の仕方を教え，学ぶ者に興味と自信を持たせる必要があるという教えでした。奇しくも，筆者の教歴は文部科学省がキャリア教育推進を提言した2004年（いわゆる，キャリア元年）からであり，わが国のキャリア教育推進の展開と軌を一にします。その後，指導する傍らで，一般行政職員（公務員）を対象とした実証研究を本格化させ，「とりあえず公務員になりたい」という若者の心性が受験準備期間内に自己対峙する中で生じやすいことを統計学的に明らかにしました（中嶌(2013)）。つまり，「意識」を強い「意志」に変えるためには，自らの実感を伴う経験が何より大切であることに気づきました。一方，この10数年間，専修学校，大学（女子大を含む），大学院とさまざまな学校種において行ってきたキャリア教育実践の中でできたこととできなかったことが数多くありました。最後に，そのことを自省的に考察してみたいと思います。

　本章では，授業内容の社会的意味の伝達，つまり，"社会で役立つ内容"という意味づけが，学生の学習意欲や自主性の涵養にどのような効果があったのかに焦点化します。「教えることは教わること」という言葉がある通り，教える側には常に学生への還元を念頭に置いた真摯な教授姿勢が求められます。学生は教師の姿を映し出す鏡だからです。自由度が高いキャリア教育の授業内容であるからこそ，担当教員の持ち味（素の自分）を大切にした教育実践が活気ある双方向（two way）の授業を生み出し，授業のモチベーション維持につながると考えます。"社会的意味の伝達（社会軸の視点）"のひと手間を惜しまない工夫・改善の志が教える側（教員）と教わる側（学生）の架け橋になるのではないでしょうか。このことをセカンドステージの局面を迎えつつあるキャリア教育の更なる推進を願う筆者の主張としたいと思います。

　若者の早期離職や非正規雇用化（40％，うち不本意就労は18％）が進行する中で，学生を社会に輩出するだけでは大学は使命を果たしたとはいえなくなっています。雇用社会や労使関係が大きく変化した不確かな時代を自ら生き抜いていくためには，"自立した契約主体"の養成が求められます。正社員モデルが崩壊した昨今，自分軸に偏ってきたキャリア教育に社会軸（例：労働法教育）の視点の導入がどうしても必要不可欠になっているのです（**図表終-1を参照**）。

図表終-1　キャリア教育×労働法教育の相互連関（イメージ図）

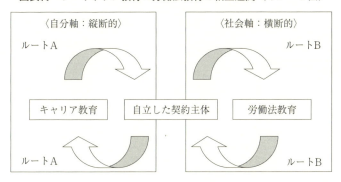

(注)　"自立した契約主体"とは「労働法の知識の修得にとどまらず，適切な行動に結びつけることができる実践的な能力を身につけた個人」を指す。
(出所)　筆者作成による。

　実際，中央教育審議会キャリア教育・職業教育特別部会「今後の学校におけるキャリア教育・職業教育の在り方について（答申）」（2010年5月）により，1人ひとりの社会的・職業的自立に焦点が当てられ，職業実践的な教育に特化した取り組みの検討が始まっています。また，内閣府「若者雇用戦略」（2013年6月）では，「社会に出る前に社会人として必要な能力や態度を育て，就職支援等の仕組みや労働法制等について考える等，キャリア教育の充実を図る必要がある」と指摘しています。さらに，日本労働弁護団は「ワークルール教育推進法の制定を求める意見書」（2013年10月）を発表し，知識を生かして適切に行動する能力の養成を主張しています。
　以上より，自分軸（縦断的視点）と社会軸（横断的視点）の両視点をバランスよく取り入れたキャリア教育実践が若者の現実的な物の見方を育成することにつながるものと考えます。ここでは，筆者が2015年度に行った教育実践事例を踏まえて，具体的に次の2つの仮説を双方向から検証してみたいと思います。

《仮説1》　キャリア教育の中に労働法教育を導入することは自分事として理解を促進する効果がある（図表終-1のルートAの循環）
《仮説2》　労働法教育の中にキャリア教育を導入することは自分事として理解を促進する効果がある（図表終-1のルートBの循環）

(1) 仮説1：キャリア教育（自分軸）への労働法教育（社会軸）の導入は有効である

《仮説1の検証》

◆授業空間を整える

　毎週1回90分のキャリアデザインゼミ（専門ゼミ）では，授業開始時に当番制で『5S冊子（整理・整頓・清掃・清潔・躾）』（商工にっぽん編集部編，2003年）の輪読を行っています。各担当者は1章分（200字程度の文章）を読み上げた後に感想を述べるというものです。ビジネスマナーの徹底のみならず作業効率の向上というビジネス感覚を養うことで，ゼミの組織化（各チームの役割の明確化）に役立つ上に，働く意義や就活に向けた心構えという点から根本的な問い直しとしての効用があります。

◆授業空間を一体化する

　同ゼミでは，すべての決定事項は全員の合議により決めています。さまざまなイベントや活動の振り返りにおいて，個人としての関わりだけでなくチームとしての関わりを重要視しているからです。こうした発展的なゼミ運営のあり方は企業の永続的存在（ゴーイングコンサーン）の理解に通底します。例えば，ビーイング[1]（141頁写真）はある振り返りテーマについて個人の意見や感想を何枚もの付箋に記し，それらを皆の前で1枚ずつ提示しながら全員で検証していく方法です（合議が得らた意見はハート型の中に入れる，それ以外は外に布置する）。これは自らの権利を主張する力（コミュニケーション力）にも関係しますが，決して周囲の意見を鵜呑みにせず，自らの判断で［YES］［NO］を主張する訓練にも通じます。一定の働くルールの知識を習得していたとしても自分の権利を主張してよいという意識が根づかなければ労働法が守られる社会はなかなか実現しないと考えるからです。

◆授業内容を記録して残す

　同ゼミでは，授業終了時に「コミュニケーション・ポートフォリオ」（振り返

---

1) ビーイングとは「自分たちと共にあるもの（being）」を意味する。グループ体験学習（PA：プロジェクト・アドベンチャー）におけるルール決めや振り返りの際，気持ちやイメージを言語化するために用いられる手法。Cf. 手型バージョン，ハート型バージョン。

ビーイング手法を用いた活動の振り返りの様子。

り用ノート）を使って諸活動の振り返りをしています。現有の知識に新たな経験が結びつくことで意味づけられ，気づきが促されます。また，翌週までにゼミ担当教員がコメントを入れて学生に返却しますが，基本的に自由記述であるため，書く内容は生活面からプライベートな相談事まで多岐にわたります。ここでは，やり取りの内容はゼミ担当教員と学生個人との間の守秘義務とするルールが徹底されています。専門ゼミの期間中（通常，2～3年間）継続して実践することで習慣化が期待できます。会社や組織における規律・規範に対する意識は課外活動（サークルやクラブなど）を通じて実体験として応用することで一層理解が深まります。

一方，証拠・記録を残す習慣づけは労働問題（紛争）における有効な対処法になります。現実の社会でも法律知識（一定の働くルール）は自らを守るための武器になるという意識とリンクさせて指導しています。

◆授業内容をオープンにする

同ゼミでは積極的にSNS（ブログ，Twitter）を活用しています。組織化されたゼミ内の1チーム（3名程度）は活動内容を外部に発信することにより，情報セキュリティに対する意識の向上に加えて表現の自由やプライバシー問題についても自然に学ぶことができます。また，活動の棚卸しとして自分たちの学習や成長を確認する場というだけでなく意味づけた体験を次なる実生活（大学生活）にどう生かすかという点で自己主張・宣言の場にもなっており，ゼミブロ

グチームのメンバーは意欲的に取り組んでいます。例として，興味関心を持っていただいた他校や他ゼミとのインゼミ（合同ゼミ）の実施という副産物も生まれ始めています。

◆授業内容を拡散する

「親活」という言葉が存在するように，「うちの子は○○の職が合っていると思います」と親御さん自身の価値観を直球で投げかけてこられる場合があります。同ゼミでは3年次生の保護者宛てに活動記録の写真が満載の「保護者様宛てレター」を送付しています。保護者の方々に安心して適度な距離感を保っていただくために視覚的に訴えることが最善と考えるからです。就活生を抱える家庭内で親子のコミュニケーション機会を持つ契機にしてもらうことも大きな狙いです。学生にとって，親は最も身近なロールモデル（お手本となる人）であることが多いからです。ただし，進路を決めるのは親や兄弟ではなく，あくまでも「自分自身」です。だからといって，自己選択と自己責任を一手に背負い込む必要があるといっているわけではありません。温かく寄り添ってくれる家族や友人の存在は大いに励みになるでしょう。他人に依存しすぎない程度に常に支援が求められる立場に身を置いておく感覚の重要性については第6章第3節でも言及しました。また，父母の会（保護者面談）の場面での記入済みワークシートの活用も有効です。アセスメントツール（例：中嶌（2014）のワークシートのコピー）を配布し，家庭で家族と共有する機会を推奨しています。

◆授業内容をあらゆる角度から咀嚼させる

キャリアデザイン授業でワークショップ等を実施した直後にすべての意図が理解できている場合は少ないです。しかし，感受性豊かな学生たちは表現力が乏しいだけでさまざまな気づきを得ています。例えば，ワークの後で行うシェアリング（分かち合い）では，自分の中で起きていることをテーマに共有化を図ることであり，他人の感性や価値観に触れる機会となり人間性が養われます。また，TAE（Thinking At the Edge）[2]を応用した提出課題「働く人へのインタビ

---

2) 上手く言葉にできないけれど重要であると感じられる身体感覚（フェルトセンス＝FS）を言語シンボルと相互作用させながら精緻化し，新しい意味と言語表現を生み出していく系統立った方法（得丸（2009））。

図表終-2　体験学習としての学びのスパイラル

ュー」などで身近な先輩やOB・OG，インターンシップ先の担当者等との接触を通じて，"自分事"として実感できれば理解は一気に促されます。つまり，自分の将来の姿を身近な存在に置き換えて捉え直すことで知識と体験の連動が起こり，身をもって理解することにつながるのです（第3章第3節でその重要性について言及しました）。一例として，アルバイト相談（ブラックバイトの事例）を用いたケーススタディやディベートを用いた学習では，積極的に他者に働きかける力が強化されるばかりか，相手の立場になって物事を考えたり，お互いに励まし合って活動する経験（疑似体験）となっており，知識を適切に行動に結びつけられるようにするための訓練に役立てています（上図を参照）。体験学習に基づく学びは当事者意識と親和性が相当高いと思われます。

(2)　仮説2：労働法教育（社会軸）へのキャリア教育（自分軸）の導入は有効である

《仮説2の検証》

◆法的枠組みの中でキャリアを生きる

　昨今の就活生の目標は正社員になることです。"正社員は正しい働き方"という価値観が刷り込まれているためです。しかし，正社員モデルが崩壊したと

いわれる今日，そうした考え方は必ずしも通用しなくなっています。それ故，授業内では，キャリア（career）を設計（design）することは「いつでも」・「どこでも」・「何度でも」行ってよいものであると伝えています。第1章第3節でも触れた通り，正社員・非正社員は区別なく労働法の保護は当然に受けられますが，学生はそのことを意外と知りません。そもそも労働法自体は憲法第27条「労働権」の規定に基づき，終身雇用を想定して制度化されたものであるため，学生が持つ正社員に対する強い関心とキャリアデザインの基本的な考え方のベクトルの方向性は同じです。実際の教育実践（キャリア教育と労働法教育の双方向教育）の経験からも筆者自身，手応えを感じています（**図表終-3**）。

◆**いつでもキャリアはデザインできる**

労働法教育（大学院授業「社会保険特論」）では，受講生の専攻や社会人経験の有無などを考慮してフォーカスする内容を定めるようにしています。幸い社会人大学院生ばかりであったため，細かな法令・条文に触れる前に，自分自身のキャリアの棚卸しをしてもらい，学ぶ意義を再確認してもらうように努めました。正社員は長時間労働や残業が避けられない状態にある職場が多いのは事実です。そこで，「労働時間をめぐる問題」（**図表終-4**の第7講）の回では，人生80年（23頁）を例に取り，自己キャリアを体系的に把握しつつ自分の問題に置き換えてもらいます。人生のおよそ1/7の時間（実質10万時間程度）を費やすことになる会社の実態を真剣に調べる意義は大きいという視点からモデル裁判例（労働判例）の検討や労働時間制度の国際比較を行いました。学び手にとって有意義だと思えることを真剣に学ぼうとするのは当然のことだと思います（⇒就業規則×シンキング）。

◆**どこでもキャリアはデザインできる**

同労働法教育では，偶然にも受講生の大半が女性でした。中には，産休を活用して通学（リカレント教育[3]）という人もいました。正社員は配転・転勤（海外赴任・単身赴任）を命じられる場合が多いのも事実です。家族との関係がネックに

---

[3] 1970年代に経済協力開発機構（OECD）が提唱した生涯教育の一形態のこと。フォーマルな学校教育を修了し，一定期間後に個人の必要に応じて繰り返し再教育を受ける循環・反復型の教育を意味する。

図表終-4 労働法教育授業のシラバス

平成27年度前期：大学院修士課程対象、選択科目

授業の目的テーマ	本講義では、私たちの身の回りで発生する日常的な法律問題を労働・社会保険諸法令の観点から検討する。判例解釈に必要な基礎をした後に、有名・モデルの判例を演習課題に取り上げることにより、労働法の法改正に背景要因・変遷へと学びの理解を深めていく。
到達目標	労働・社会保険諸法令の基礎を学び、身近な今日的課題として理解する
授業の内容・計画	第1回　総論（多様な働き方と労働法の役割） 第2回　労働法の基礎理論① 第3回　労働法の基礎理論② 第4回　職場の人間関係をめぐる問題 第5回　労働条件の変更をめぐる問題 第6回　労働契約をめぐる問題 第7回　労働時間をめぐる問題 第8回　賃金をめぐる問題 第9回　就業規則をめぐる問題 第10回　その他の個別的労働関係をめぐる問題 第11回　労働組合・団体交渉をめぐる問題 第12回　団体行動をめぐる問題 第13回　労働協約・不当労働行為をめぐる問題 第14回　その他の集団的労働関係をめぐる問題 第15回　労働法教育の在り方
予習復習	授業で学んだことを大学生活で積極的に実践する
教科書	筆者によるオリジナルレジュメ
評価基準	平常点50%、期末試験50%

図表終-3 キャリア教育授業のシラバス

平成27年度前期：学部1年生対象、必履修科目

授業の目的テーマ	本講義では、将来の夢や目標を思い描き、学生時代をどのように過ごすかをテーマに、キャリアデザインの考え方と実践について学んでいく。自分らしい生き方や働き方をデザインするために、自分自身と向き合い、考える習慣や書く力を強化しながら、職業観・勤労観を養うことを目的とする。
到達目標	自らの判断で人生設計ができるようになる
授業の内容・計画	第1回　キャリアデザインとは 第2回　現在の雇用環境の概要 第3回　自己理解の意義と方法 第4回　ワークショップ1（過去を振り返る） 第5回　働く意義を考える 第6回　さまざまな生き方・働き方を知る 第7回　さまざまな職業・職種を知る 第8回　若年就業をめぐる諸問題 第9回　ワークショップ2（現在を見つめ直す） 第10回　社会人として求められる能力 第11回　キャリア教育の取り組みと現状 第12回　キャリア形成と能力開発 第13回　ワークショップ3（大学生活のプランニング） 第14回　将来のキャリアプラン 第15回　まとめ
予習復習	授業で学んだことを大学生活で積極的に実践する
教科書	中嶌剛著『キャリアデザイン入門テキスト』学事出版
評価基準	平常点40%、課題レポート20%、期末試験40%

（注）網掛けは［キャリア教育⇔労働法教育］の双方向教育を実践した回を示す。

（出所）本学HP (www.cku.ac.jp/department/sirabasu.html)。

なることが少なくありません。女性の場合はなおさら深刻な問題になります。第5章第4節の本音対談であったように，「職場の風土」や「WLB（職業人であると同時に家庭人であること）の理解」が欠かせません。そこで，「職場における人間関係をめぐる問題」（**図表終-4**の第4講）や「就業規則をめぐる問題」（**図表終-4**の第9講）の回では，会社・家庭・社会とのつながり方をどのように考えるかという問題について，個々人の体験発表により話題提供をしてもらった上で，それらを題材として議論しながら理解を深めました（⇒企業の将来展望×チームワーク）。

◆ **何度でもキャリアはデザインできる**

　同労働法教育では，履修者は大学院に戻るまで10年以上の社会人経験がある人たちばかりでした。そこで，「総論（多様な働き方と労働法の役割）」（**図表終-4**の第1講）や「労働法教育の在り方」（**図表終-4**の第15講）の回では，今日の厳しい就職戦線の状況と自分たちの就職時（例：バブル期／就職氷河期）との制度面および人材育成面での比較をしてもらいました。さらに，社会情勢の変遷と法制度の改正の関連性を探ることで，今後の労働法制のあり方について労使双方の視点から議論することができました。正社員は職務の幅や人間関係が限定されない場合が多く，新しい企画・新規事業開発が起こる都度，新たな職場でも，繰り返し，関係構築に努める積極的な姿勢が求められます。他者と共にいきいきと働ける社会について考えるということは，自己キャリアをどうしていきたいかということをお互いに語り合うことと通じる部分があります（⇒人事労務管理×アクション）。

＊キャリア教育×労働法教育の有効性について＊

　以上，筆者自身のキャリア教育と労働法教育の双方向からの教育実践の検討から，学び手にとって自分事として理解を促す効果があることが認められました。以下の3点を教育効果として指摘しておきます。

（1）　主体的な学びの喚起

　曖昧な就業意識で大きな不安を抱えている学生に対して，積極的に学ぶことの「社会的意義」を明確に示すことにより，教員側の意図を的確にくみ取って

くれるケースが増えてきました。これはお互いにとって不安の軽減（省エネ）に役立ち，集中力を高める結果となっています。

　(2)　自覚の芽生え

　キャリア教育と労働法教育の融合に関して，自らの判断と行動に責任を持てるような自覚的キャリア形成の必要性を主張したいと思います。自覚とは，自立（自らの力で立つこと）や自己責任とも異なります。端的にいってしまえば，「自分の人生は自分で決められる」ということです。自立の1つ前の段階として，他人に依存しない程度に具体的な支援方法を知ることも有効であると感じています。

　(3)　規範意識の醸成

　「修得した知識が将来役立ちそう」→「職場で使えるように覚えておこう」→「身近なところで実践してみよう」という好循環はキャリア教育と労働法教育の相互連関の中で生まれるものです。法律知識は労働者の力であり武器になるという意識づけをあらゆる教育場面（例：総合学習，LHR，「現代社会」・「政治経済」の授業，進路指導，就職指導）で発信・啓蒙することが求められます。そして，皆で法律が守られる協働社会の実現を目指していく意識を持つ必要があります。

巻末資料

◆内定者講習用ガイド

　企業（営利法人）に限らず，学校（法人）や病院（医療法人）など，どの組織でも人の管理は最重要です。内定者にとって新人教育は職業キャリアのスタートであり原点になります。社会人人生で最初の組織での教育がその人の仕事人，社会人の基礎を大きく形作るためです。新人教育は内定者のリアリティショックを和らげて，退職動機を緩和しながら理念や方針を刷り込みつつ組織力の強化につなげるための第一歩として行われるものです。大前提として，仕事人，社会人としての能力の醸成は不可欠になります。以下の「さ（しゃ）・し・す（しゅ）・せ・そ」の5つの視点による意識付けが参考になります。

＜新人教育の5つの構成要素＞

1）「さ（しゃ）」社会人（＝社会人としての常識を習得する） 　●接遇・ビジネスマナー（挨拶・言葉遣い・身だしなみ・TPO） 　●自己管理（健康管理・時間管理・金銭管理） 2）「し」仕事人（＝仕事を行う上での基本スキルを身につける） 　●社会人基礎力（社会人が身につける技術）・コミュニケーション 　●ホウレンソウ（報告・連絡・相談）・自己目標の設定 3）「す（しゅ）」就労者（＝生業を持つという自覚を養う） 　●労働関係諸法令（労働条件・服務規程）・自立した契約主体 　●給料取りという責任感・キャリアデザイン・人生設計 4）「せ」専門家（＝プロ意識を醸成する） 　●売上至上主義・コスト感覚・顧客満足（CS）意識 　●能力開発（OJT・Off-JT・自己啓発）・自己ブランド 5）「そ」組織人（＝組織にいち早くなじませる） 　●理念（企業の社会的役割）・諸規則／諸規程（勤務規則・給与規程・福利厚生） 　●チームワーク・仕事上の決まり事

　留意すべきことは，いくら会社側が教育訓練の機会を提供してくれたとしても，仕事や職業キャリアに生かせるかどうかは，読者の皆さん自身に委ねられる点です。つまり，意識を習慣化することで，ブレない強い意志を持った行動特性として振舞う必要があることを忘れてはいけません。近年，CSR（企業の

社会的責任）の一環として，組織運営の透明化や説明責任を果たすことが社会的潮流として求められています。

　ここでは，毎年1月に日本野球機構（NPB）がプロ契約を結んだ新人選手を対象に実施している「NPB新人選手研修会」を事例として取り上げます。

〈概　要〉

【2016年NPB新人選手研修会】

　日　　時：2016年1月12日（火）

　場　　所：都内ホテル

　対　　象：新人選手116名，審判員3名

　研修講師：日本野球機構幹部，弁護士

　研修内容：《午前》野球殿堂博物館を見学（40分）

　　　　　　《午後》講義（6講義）および修了証の授与

　対　　象：新人選手116名，審判員3名

　研修講師：日本野球機構幹部，弁護士

　研修内容：《午前》野球殿堂博物館を見学（40分）

　　　　　　《午後》講義（6講義）および修了証の授与

	研修項目	担当講師
開講式	挨　拶	熊崎勝彦コミッショナー
1限目	アンチドーピング活動について（25分）	
2限目	税の意義と役割（25分）	
3限目	薬物乱用防止について（25分）	警視庁担当者
4限目	暴力団の実態と手口，有害行為について（60分）	深沢弁護士
5限目	話し方，インタビューへの対応（30分） [模擬インタビュー（登壇者）：高橋純平投手，オコエ瑠偉選手，高山俊選手，小笠原慎之介投手]	深沢弘（元ニッポン放送アナウンサー）
6限目	先輩プロ野球選手からプロ野球の後輩へ（45分）	山本昌（元中日ドラゴンズ）
	セカンドキャリアサポートについて（10分）	

　（出所）　日本野球機構HPおよび研修参加者へのヒアリング。

4限目の講義では，2015年に起きた複数の元巨人の選手が関与した野球賭博問題を受けて，NPB伊藤修久法務部長が1969年に八百長が明るみに出た"黒い霧事件"[1]の経緯も解説し，元近鉄のエース鈴木啓示氏が八百長の誘いを断ったエピソードも紹介し，賭博に関与しないことや誘われた場合は球団に報告することなど，反社会的勢力対策に充てる時間が例年より増えました。スポーツ界の透明性や公平・公正性を向上させることは，誰もが安全かつ公正な環境の下でスポーツに参画できる機会を充実させるための基礎的条件です。

　スポーツは「人生の縮図」といわれるように，その環境下でさまざまな心理社会的スキル（以下，ライフスキル）[2]が養われます。ましてや，プロスポーツ選手などのトップアスリートともなればリトルリーグやスポーツ少年団の頃から運動一筋で英才教育を受けてきた者も少なくありません。短い選手生命（プロ野球選手の平均引退年齢：29歳）を考えれば，なおさらスポーツ経験から身につけたライフスキルを引退後の人生に活用するための術が重要になります。このことは，一部の識者から指摘されるようにスポーツや運動を経験してきた青少年のライフスキルの貧弱さや常識の欠如と無関係ではありません。例えば，米国では大学生アスリートに対してメンタルトレーニングやカウンセリング以外にもライフスキル教育を積極的に取り入れ，スポーツを通じて青少年の社会的，人間的発達を目指す教育プログラムの開発が盛んです。わが国においても，筆者のキャリア・コンサルタント同期でもある椎名（2008）は，川崎フロンターレや湘南ベルマーレの下部組織などのスポーツチームにライフスキル教育導入のための「冒険教育をベースにした体験学習（アドベンチャー学習モデル）[3]」を積

---

1) 1969年10月7日の『読売新聞』に西鉄のN投手が暴力団にそそのかされて八百長をしていたことが発覚しコミッショナー委員会から永久追放処分を受けたのに端を発し，中日，阪神，東映，ヤクルトの選手の八百長疑惑が次々と浮上し，それぞれ永久追放，出場停止などの処罰者が出た一連の事件を指す。

2) 「日常生活で生じるさまざまな問題や要求に対して，建設的かつ効果的に対処するために必要な能力」であり，①意思決定，②問題解決，③創造思考，④批判的思考，⑤効果的コミュニケーション，⑥対人スキル，⑦自己意識，⑧共感性⑨，情動への対処などから構成される（WHO（1997））。

3) 目標設定，コミュニケーション，課題解決，フェアプレイの要素を持つアクティビティを実施し，①実体験→②振り返り→③概念化→④積極的な実験（応用・一般化）の体験学習のサイクルに沿って，学びを促し，スポーツひいては人生に般化させることを目的とするもの（椎名（2008））。

図表A　現役プロ野球選手の引退後の就業意識調査

質問：退団した後，どのような仕事をしたいと思いますか？ （1～15項目から，より気持ちがあてはまるものに○をしてください）	やって みたい	興味が ある	あまりやり たくない	絶対やり たくない	一番 やりたい
海外球団で現役続行	6	28	51	15	8
独立リーグで現役続行	2	16	52	30	0
社会人クラブチームで現役	6	39	39	16	10
プロ野球の監督・コーチ	12	48	33	7	12
アカデミー等の子供教育者	8	47	38	7	5
資格を回復し高校野球指導	18	57	22	3	23
大学社会人の野球指導者	14	50	31	5	9
球団BP用具係等裏方	8	41	41	10	7
スカウト，スコアラー等	10	46	37	7	6
プロ野球解説者	6	27	55	12	2
一般企業での会社員	4	44	46	6	8
飲食店等の開業	6	39	46	9	9
マッサージ等の医療開業	4	20	63	13	0
競輪，格闘技他競技へ	2	10	57	31	0
大学，専門学校へ進学	4	19	47	30	1

　（注）　2014年10月に宮崎・フェニックス・リーグ中に12球団の現役選手へNPBが行ったアン
　　　　ケート調査（N=244）。

極的に実践しています。

　選手生命が長くない世界であるからこそ，"その後"のセカンドキャリアについて選手時代のうちから考えておくことは大切なことです。ちなみに，2014年にプロ野球12球団の現役選手224名を対象にNPBが行った「セカンドキャリアに関するアンケート調査」によると，現役引退後に不安を抱える選手は約70％（169人/224人）に上ります。毎年，約100人の現役引退者や戦力外選手が新しい職種を求めて一般社会に巣立つわけですが，引退後に「プロ野球の監督・コーチ」「高校野球指導者」などの希望職種に就ける保証はありません（**図表A**を参照）。例えば，やってみたい職業にも偏りがみられ，「一般企業での会社員（4％）」からも一般庶民感覚ではないことがうかがえます。幼少期から

図表B　Jリーグ新人研修　集合研修会（2004年）

		研修項目／講師	手法，使用アイテム
第1日	15:00	開講式［30分］／Jリーグ理事	
	15:30	Jリーグの理念，歴史，ビジネスの仕組み［45分］／Jリーグ理事	試合会場の裏方仕事の紹介ビデオ
	16:30	メンタルマネジメント［60分］／スポーツメンタルトレーニング指導士	実技指導
	17:30	自主トレ，シャワー，夕食	
	20:00	Jリーグ選手協会とJリーグキャリアサポートセンター［45分］／Jリーグ選手協会事務局，Jリーグ事務局	現役選手からのメッセージビデオ
	21:00	競技規則テスト［30分］	
第2日	09:00	選手契約制度［30分］／Jリーグ理事・法務委員	
	09:45	税務と資産管理［45分］／公認会計士・税理士	ワークブック
	10:45	危機管理（暴力団，詐欺，スキャンダル，安全運転）［45分］／Jリーグ理事・法務委員	二択式のクイズ
	11:30	昼食	
	12:30	プロ選手の心構え［45分］／OB選手	
	13:30	toto［30分］／日本スポーツ振興センター職員	
	14:15	メディア対応（テレビ・ラジオ）［45分］／テレビ局アナウンサー	選手インタビューのビデオ，代表者による模擬インタビュー
	15:15	メディア対応（新聞・雑誌）［45分］／広報・PRプロダクション・ディレクター	
	16:15	健康管理（栄養と休養，ドーピングコントロール，安全なセックス等）［60分］／保健師	択一式クイズとビンゴの組み合わせ
	17:15	自主トレ，シャワー，夕食	
	20:00	ファン・サポーター対応［45分］／Jクラブスタッフ	サポーターの様子と名場面のビデオ
第3日	09:00	競技規則とフェアプレイ［60分］／スペシャルレフェリー	ビデオを使った解説，テストの解説
	10:00	競技規則テスト（追試）［15分］	
	10:30	閉講式［30分］／Jリーグチェアマン	

（出所）　佐野（2005）41頁。

野球漬けの生活に明け暮れ，アルバイト経験もほとんどなく社会の仕組みを体験することなくプロキャリアを歩んできた彼らにとって，一般社会は未知の世界でありリスクが大きいと考えるのはある意味当然のことかもしれません。しかし，トップアスリートの世界においても，今やスポーツ教育・スポーツライフスキルを通じて人間的成長を促すと同時に，そのこと自体が競技力の向上にも寄与するという認識が高まっています。組織（NPB）にとって，選手は財産であり，その財産価値を高めるために新人選手研修が行われているといっても過言ではありません。実際，元プロ野球選手に対する企業人事側の評価として，目標達成への意欲や能力の高さ，仕事に対する実直さなどが挙げられます。

一方，プロサッカーリーグであるJリーグでは，1日かけての研修会という当初の形態から，1997年以降は複数日にわたる合宿形式の集合研修会を行っています（155頁**図表B**を参照）。加えて，シーズン中に行うボランティア活動（試合開催日に裏方仕事を行う「試合運営ボランティア」と福祉施設等への尋問やサッカースクールの手伝いなどの「地域ボランティア」の2種類）も実施しています。

プロ野球とJリーグの研修内容に共通するのは，危機管理（暴力団・賭博・八百長）への対応に時間が割かれている点です。プロ契約をした選手には，組織のブランド作り（ブランド・マネジメント）の推進者としての役割が求められます。それ以上に，プロスポーツ選手である前に，社会人としての自覚の涵養が主たる目的であることが分かります。

◆とりあえず知っておくべき！　労働法制の基礎知識

自分のキャリア形成（職業キャリア）を考える上で，労働法により保障されている権利を実現できる状態にしておくことが何よりも保険になります。自己防衛のためには個人的資質・能力を向上させるだけでなく，社会的支援とのつながることの必要性を本書を通じて学んできました。

本書の第1・2章では，労働法の知識や労働者の権利を「知る」ことの重要性を確認しました。権利について知らなければ権利主張すらできないからです。また，本書の第3・4章を通じて，置かれた状況を冷静に分析し「考える」ク

セをつけることにより，当事者意識に立つ姿勢や権利意識に対して敏感に察知することの大切さを確認しました。同時に，労働組合や相談体制や救済機関等と「つながる」ことで権利を具体的に実現していく仕組みに関する知識も必要になることを学んできました（本書の第5・6章）。

　以下は，働く上でのルールとして，最低限の基礎知識になりますので常に念頭に置いて職務にあたる必要があります。

社会保険制度の一覧

	保険の種類	事業所の加入基準	適用になる人（被保険者要件）	保険料負担	個人が保管しておくもの
仕事中にけがをしたとき **労災保険**	労働者が業務上の理由や通勤途中にけがや病気をした時，またそれが原因で障がいが残ったり亡くなった場合に給付される	労働者を一人でも雇っていれば加入義務あり	すべての労働者（パート・アルバイトも含む）	事業主が全額負担	保管しておくものなし 【問合せ窓口】労働基準監督署
会社を辞めたとき **雇用保険**	労働者が失業した時，次の仕事を見つけるまでの生活保障として一定期間給付される（失業等給付）。また，育児休業等雇用を継続する時，教育訓練を受講したときにも給付される		週20時間以上で3日以上の雇用見込みがある	事業主と労働者が折半負担（保険料は給料から差し引かれます）	雇用保険被保険者証 【問合せ窓口】公共職業安定所（ハローワーク）
病気やけがをして病院にかかったとき **健康保険**	労働者やその家族が業務外の理由で，病気やけがをした時や出産の時，亡くなったときに給付される	常時従業員5人以上の個人事業所とすべての法人事業所は加入義務あり	1日または1週の所定労働時間および1ヵ月の労働日数が，その職場で働く労働者の概ね4分の3以上である方		健康保険証 【問合せ窓口】協会けんぽ，健康保険組合
年をとったとき，病気やけがをして障がいが残ったとき **厚生年金保険**	労働者の老後の生活保障や現役時代に病気やけがをして障がいが残った時，亡くなった時に給付される		試用期間中でも要件に該当すれば勤務開始日から被保険者です		年金手帳(青色) 【問合せ窓口】年金事務所

＊自営業・公務員他は，保険の名称や取り扱いが異なる。
＊事業所の加入基準や被保険者要件には例外もある。

巻末資料　157

公的年金は，日本国内に住んでいるすべての20歳以上60歳未満の人が加入する国民年金（基礎年金）がベースとなっており，その上に民間企業で働く人が加入する厚生年金保険や公務員等が加入する共済年金で構成されています（2階建てのしくみ）。

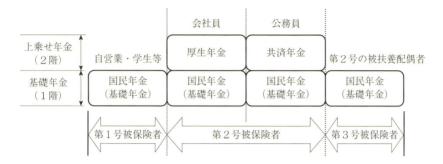

第1号被保険者：日本国内に住んでいる20歳以上60歳未満の農業・漁業・商業等の自営業の人および学生等
第2号被保険者：厚生年金（会社員），共済組合（公務員等）の加入者
　　　　　　　＊第2号被保険者は，国民年金に自動的に加入しています。
第3号被保険者：厚生年金，共済組合の加入者に扶養されている20歳以上60歳未満の配偶者

労働基準法（抜粋） ●改正公布：平成10年9月30日　法律第112号

■第1章　総　則

第1条　①労働条件は，労働者が人たるに値する生活を営むための必要を充たすべきものでなければならない。
②この法律で定める労働条件の基準は最低のものであるから，労働関係の当事者は，この基準を理由として労働条件を低下させてはならないことはもとより，その向上を図るように努めなければならない。
第2条　①労働条件は，労働者と使用者が，対等の立場において決定すべきものである。
②労働者及び使用者は，労働協約，就業規則，及び労働契約を遵守し，誠実に各々その義務を履行しなければならない。
第3条　使用者は，労働者の国籍，信条又は社会的身分を理由として，賃金，労働時間その他の労働条件について，差別的取扱をしてはならない。

第4条　使用者は，労働者が女性であることを理由として，賃金について，男性と差別的取扱いをしてはならない。

第5条　使用者は，暴行，脅迫，監禁その他精神又は身体の自由を不当に拘束する手段によって，労働者の意思に反して労働を強制してはならない。

第6条　何人も，法律に基いて許される場合の外，業として他人の就業に介入して利益を得てはならない。

■**第2章　労働契約**

第15条　①使用者は，労働契約の締結に際し，労働者に対して賃金，労働時間その他の労働条件を明示しなければならない。……

第20条　①使用者は，労働者を解雇しようとする場合においては，少なくとも30日前にその予告をしなければならない。30日前に予告をしない使用者は，30日分以上の平均賃金を支払わなければならない。……

■**第3章　賃　　金**

第24条　①賃金は，通貨で，直接労働者に，その金額を支払わなければならない。……

②賃金は，毎月一回以上，一定の期日を定めて支払わなければならない。……

■**第4章　労働時間，休憩，休日及び年次有給休暇**

第32条　①使用者は，労働者に，休憩時間を除き1週間について40時間を超えて，労働させてはならない。

第34条　①使用者は，労働時間が6時間を超える場合においては少なくとも45分，8時間を超える場合においては少なくとも1時間の休憩時間を労働時間の途中に与えなければならない。

第35条　①使用者は，労働者に対して，毎週少なくとも1回の休日を与えなければならない。

第39条　①使用者は，その雇入れの日から起算して6箇月間継続勤務し全労働日の8割以上出勤した労働者に対して，継続し，又は分割した10労働日の有給休暇を与えなければならない。

■**第6章　年 少 者**

第56条　①使用者は，児童が満15歳に達した日以後の最初の3月31日が終了

巻末資料　159

するまで，これを使用してはならない。

第61条 ①使用者は，満18歳に満たない者を午後10時から午前5時までの間において使用してはならない。

■**第8章 災害補償**

第75条 ①労働者が業務上負傷し，又は疾病にかかった場合においては，使用者は，その費用で必要な療養を行い，又は，必要な療養の負担をしなければならない。

労働組合法（抜粋）●公布：昭和24年6月1日　法律第174号

■**第3章 労働協約**

第14条 労働組合と使用者又はその団体との間の労働条件その他に関する労働協約は，書面に作成し，両当事者が署名し，又は記名押印することによってその効力を生ずる。

■**第4章 労働委員会**

第14条 労働委員会は，使用者を代表する者（使用者委員），労働者を代表するもの（労働者委員）及び公益を代表する者（公益委員）各同数をもって組織する。

労働関係調整法（抜粋）●公布：昭和21年9月27日　法律第25号

■**第1章 総　　則**

第1条 この法律は，労働組合法と相俟って労働関係の公正な調整を図り，労働争議を予防し，又は解決して，産業の平和を維持し，もって経済の興隆に寄与することを目的とする。

■**第2章 斡　　旋**

第13条 斡旋員は，関係当事者間を斡旋し，双方の主張の要点を確かめ，事件が解決されるように努めなければならない。

■**第3章 調　　停**

第19条 労働委員会による労働争議の調停は，使用者を代表する調停委員，労

160　巻末資料

働者を代表する調停委員及び公益を代表する調停委員から成る調停委員会を設け，これによって行う。

第24条 調停委員会は，期日を定めて，関係当事者の出頭を求め，その意見を徴さなければならない。

■**第4章 仲 裁**

第30条 労働委員会は，左の各号の一に該当する場合に，仲裁を行う。

(1) 関係当事者の双方から，労働委員会に対して，仲裁の申請がなされたとき。

(2) 労働協約に，労働委員会による仲裁の申請をなさなければならない旨の定がある場合に，その定に基いて，関係当事者の双方又は一方から，労働委員会に対して，仲裁の申請がなされたとき。

男女雇用機会均等法（抜粋）●改正公布：平成18年6月21日　法律第82号

（正式名称は「雇用の分野における男女の均等な機会及び待遇の確保等に関する法律」）

■**第1章 総 則**

第1条[目的] この法律は，法の下の平等を保障する日本国憲法の理念にのっとり雇用の分野における男女の均等な機会及び待遇の確保を図るとともに，女性労働者の就業に関して妊娠中及び出産後の健康の確保を図る等の措置を推進することを目的とする。

第2条[基本的理念] ①この法律においては，労働者が性別により差別されることなく，また，女性労働者にあっては母性を尊重されつつ，充実した職業生活を営むことができるようにすることをその基本的理念とする。

②事業主並びに国及び地方公共団体は，前項に規定する基本的理念に従って，労働者の職業生活の充実が図られるように努めなければならない。

■**第2章 雇用の分野における男女の均等な機会及び待遇の確保等**

第1節 性別を理由とする差別の禁止等

第5条[性別を理由とする差別の禁止] 事業主は，労働者の募集及び採用について，その性別にかかわりなく均等な機会を与えなければならない。

巻末資料　161

第6条 事業主は，次に掲げる事項について，労働者の性別を理由として，差別的取扱いをしてはならない。

(1) 労働者の配置（業務の配分及び権限の付与を含む。），昇進，降格及び教育訓練

(2) 住宅資金の貸付けその他これに準ずる福利厚生の措置であって厚生労働省令で定めるもの

(3) 労働者の職種及び雇用形態の変更

(4) 退職の勧奨，定年及び解雇並びに労働契約の更新

◆各種の相談先／支援窓口一覧

職場トラブルを相談するには・・・

●総合労働相談所（都道府県社会保険労務士会）

社会保険労務士が，解雇，サービス残業など職場のトラブルについてご相談に応じます。

0570-064-794（ナビダイヤル）

●総合労働相談コーナー（都道府県労働局）

解雇，労働条件，募集・採用，男女均等取扱，いじめ・嫌がらせ，セクシャルハラスメント等を含めた労働問題に関するあらゆる分野の相談を，専門の相談員が電話あるいは面接で受け付けます。全国に約380か所設置されています。

＊総合労働相談コーナー一覧（労働局または労働基準監督署に設置）

北海道労働局	011-707-2700	札幌中央	011-737-1195
札幌東	011-894-1120	函館	0138-23-1276
小樽	0134-33-7651	岩見沢	0126-22-4490
旭川	0166-35-5901	帯広	0155-22-8100
北見	0157-23-7406	室蘭	0143-23-6131
苫小牧	0144-33-7396	釧路	0154-42-9711
名寄	01654-2-3186	滝川	0125-24-7361

162　巻末資料

稚内	0162-23-3833	留萌	0164-42-0463
浦河	0146-22-2113	倶知安	0136-22-0206
青森労働局	017-734-4212	青森	017-734-4444
弘前	0172-33-6411	八戸	0178-46-3311
五所川原	0173-35-2309	十和田	0176-23-2780
むつ	0175-22-3136		
岩手労働局	019-604-3002	盛岡	019-604-2530
宮古	0193-62-6455	釜石	0193-22-0651
花巻	0198-23-5231	一関	0191-23-4125
大船渡	0192-26-5231	二戸	0195-23-4131
秋田労働局	018-883-4254	秋田	018-865-3671
能代	0185-52-6151	大館	0186-42-4033
横手	0182-32-3111	大曲	0187-63-5151
本荘	0184-22-4124		
宮城労働局	022-299-8834	仙台	022-299-9075
石巻	0225-22-3365	古川	0229-22-2112
大河原	0224-53-2154	瀬峰	0228-38-3131
気仙沼	0226-41-6725		
山形労働局	023-624-8226	山形	023-624-6211
米沢	0238-23-7120	庄内	0235-22-0714
新庄	0233-22-0227	村山	0237-55-2815
福島労働局	024-536-4600	福島	024-536-4610
郡山	024-922-1370	いわき	0246-23-2255
会津	0242-26-6494	白河	0248-24-1391
須賀川	0248-75-3519	喜多方	0241-22-4211
相馬	0244-36-4175	富岡	0246-35-0050
茨城労働局	029-224-6212	水戸	029-226-2237
日立	0294-22-5187	土浦	029-821-5127
筑西	0296-22-4564	古河	0280-32-3232
常総	0297-22-0264	龍ヶ崎	0297-62-3331
鹿嶋	0299-83-8461		
栃木労働局	028-634-9112	宇都宮	028-633-4251
足利	0284-41-1188	栃木	0282-24-7766

巻末資料　163

鹿沼	0289-64-3215	大田原	0287-22-2279
日光	0288-22-0273	真岡	0285-82-4443
群馬労働局	027-896-4733	高崎	027-322-4661
前橋	027-896-3019	伊勢崎	0270-25-3363
桐生	0277-44-3523	太田	0276-45-9920
沼田	0278-23-0323	藤岡	0274-22-1418
中之条	0279-75-3034		
埼玉労働局	048-600-6262	浦和駅西口	048-822-0717
さいたま	038-600-4801	川口	048-252-3773
熊谷	048-533-3611	川越	049-242-0892
春日部	048-735-5227	所沢	04-2995-2582
行田	048-556-4195	秩父	0494-22-3725
千葉労働局	043-221-2303	千葉駅前	043-246-4121
千葉	043-308-0671	船橋	047-431-0181
柏	04-7163-0245	銚子	0479-22-8100
木更津	0438-22-6151	茂原	0475-22-4551
成田	0476-22-5666	東金	0475-52-4358
東京都労働局	03-3512-1608	有楽町	03-5288-8500
上野	03-3828-6711	中央	03-5803-7381
品川	03-3443-5742	三田	03-3452-5473
渋谷	03-3780-6527	大田	03-3732-0174
池袋	03-3971-1257	新宿	03-3361-3949
足立	03-3882-1187	王子	03-3902-6003
亀戸	03-3637-8130	向島	03-5819-8730
八王子	0426-42-5296	江戸川	03-3675-2125
青梅	0428-22-0285	立川	042-523-4472
町田	042-724-6881	三鷹	0422-48-1161
神奈川労働局	045-211-7358	横浜駅西口	045-317-7830
横浜南	045-211-7374	鶴見	045-501-4968
川崎南	044-244-1272	川崎北	044-382-3190
横須賀	046-823-0858	横浜北	045-474-1251
平塚	0463-43-8615	小田原	0465-22-7151
厚木	046-401-1641	相模原	042-725-2051

横浜西	045-332-9311	藤沢	0466-23-6753
新潟労働局	025-288-3501	新潟	025-288-3571
長岡	0258-33-8711	上越	025-524-2111
三条	0256-32-1150	新発田	0254-27-6680
新津	0250-22-4161	小出	025-792-0241
十日町	025-752-2079	佐渡	0259-23-4500
富山労働局	076-432-2728	富山	076-432-9141
高岡	0766-23-6446	魚津	0765-22-0579
砺波	0763-32-3323		
石川労働局	076-265-4432	金沢	076-292-7947
小松	0761-22-4207	七尾	0767-52-7640
穴水	0768-52-1184		
福井労働局	0776-22-3363	福井	0776-54-6167
敦賀	0770-22-0745	武生	0778-23-1440
大野	0779-66-3838		
長野労働局	026-223-0551	長野	026-223-6310
松本	0263-48-5693	岡谷	0266-22-3454
上田	0268-22-0338	飯田	0265-22-2635
中野	0269-22-2105	小諸	0267-22-1760
伊那	0265-72-6181	大町	0261-22-2001
山梨労働局	055-225-2851	甲府	055-224-5620
都留	0554-43-2195	鰍沢	0556-22-3181
岐阜労働局	058-245-8124	岐阜	058-247-2368
大垣	0584-78-5184	高山	0577-32-1180
多治見	0572-22-6381	関	0575-22-3251
恵那	0573-26-2175	岐阜八幡	0575-65-2101
静岡労働局	054-252-1212	浜松	053-456-8148
静岡	054-252-8106	沼津	055-933-5830
三島	055-986-9100	富士	0545-51-2255
磐田	0538-32-2205	島田	0547-37-3148
愛知労働局	052-972-0266	栄	052-263-3801
名古屋東	052-800-0792	名古屋北	052-961-8653
名古屋西	052-481-9533	名古屋南	052-651-9207

巻末資料　165

岡崎	0564-52-3161	豊橋	0532-54-1192
半田	0569-21-1030	一宮	0586-45-0206
豊田	0565-35-2323	刈谷	0566-21-4885
津島	0567-26-4155	瀬戸	0561-82-2103
西尾	0563-57-7161	江南	0587-54-2443
三重労働局	059-226-2110	四日市	059-351-1661
松阪	0598-51-0015	津	059-227-1282
伊勢	0596-28-2164	伊賀	0595-21-0802
熊野	0597-85-2277		
滋賀労働局	077-522-6648	大津	077-522-6641
彦根	0749-22-0654	東近江	0748-22-0394
京都労働局	075-241-3221	京都駅前	075-342-3553
京都上	075-462-5112	京都下	075-254-3196
京都南	075-601-8322	福知山	0773-22-2181
舞鶴	0773-75-0680	丹後	0772-62-1214
園部	0771-62-0567		
大阪労働局	06-7660-0072	大阪中央	06-6941-0451
大阪南	06-6653-5050	天満	06-6358-0261
大阪西	06-6531-0801	西野田	06-6462-8101
淀川	06-6350-3991	東大阪	06-6723-3006
岸和田	072-431-3939	堺	072-238-6361
羽曳野	072-956-7161	北大阪	072-845-1141
泉大津	0725-32-3888	茨木	072-622-6871
兵庫労働局	078-367-0850		
神戸東	078-332-5353	神戸西	078-576-1831
尼崎	06-6481-1541	姫路	0792-24-1481
伊丹	072-772-6224	西宮	0798-26-3733
加古川	0794-22-5001	西脇	0795-22-3366
但馬	0796-22-5145	相生	0791-22-1020
淡路	0799-22-2591		
奈良労働局	0742-32-0202	奈良	0742-23-0435
葛城	0745-52-5891	桜井	0744-42-6901
大淀	0747-52-0261		

和歌山労働局	073-488-1020	和歌山	073-488-1200
御坊	0738-22-3571	橋本	0736-32-1190
田辺	0739-22-4694	新宮	0735-22-5295
鳥取労働局	0857-22-7000	鳥取	0857-24-3245
米子	0859-34-2263	倉吉	0858-22-5640
島根労働局	0852-20-7009	松江	0852-31-1166
出雲	0853-21-1240	浜田	0855-22-1840
益田	0856-22-2351		
岡山労働局	086-225-2017	岡山	086-225-0591
倉敷	086-422-8177	津山	0868-22-7157
笹岡	0865-62-4196	和気	0869-93-1358
新見	0867-72-1136		
広島労働局	082-221-9296	広島中央	082-221-2410
呉	0823-22-0005	福山	084-923-0005
三原	0848-63-3939	尾道	0848-22-4158
三次	0824-62-2104	広島北	082-812-2115
廿日市	0829-32-1155		
山口労働局	083-995-0398	下関	083-266-5476
宇部	0836-31-4500	徳山	0834-21-1788
下松	0833-41-1780	岩国	0827-24-1133
山口	083-922-1238	萩	0838-22-0750
徳島労働局	088-652-9142	徳島	088-622-8138
鳴門	088-686-5164	三好	0883-72-1105
阿南	0884-22-0890		
香川労働局	087-811-8916	高松	087-811-8946
丸亀	0877-22-6244	坂出	0877-46-3196
観音寺	0875-25-2138	東かがわ	0879-25-3137
愛媛労働局	089-935-5201	松山	089-927-5150
新居浜	0897-37-0151	今治	0898-32-4560
八幡北	0894-22-1750	宇和島	0895-22-4655
高知労働局	088-885-6027	高知	088-885-6010
須崎	0889-42-1866	四万十	0880-35-3148
安芸	0887-35-2128		

佐賀労働局	0952-32-7167	佐賀	0952-32-7133
唐津	0955-73-2179	武雄	0954-22-2165
伊万里	0955-23-4155		
福岡労働局	092-411-4764	大牟田	0944-53-3987
福岡中央	092-761-5607	飯塚	0948-22-3200
久留米	0942-33-7251	北九州東	093-561-0881
北九州西	093-622-6550	田川	0947-42-0380
門司	093-381-5361	行橋	0930-23-0454
直方	0949-22-0544	福岡東	092-661-3770
八女	0943-23-2121		
長崎労働局	095-801-0023	長崎	095-846-6390
佐世保	0956-24-4161	江迎	0956-65-2141
島原	0957-62-5145	諫早	0957-26-3310
対馬・壱岐	0920-47-0501		
熊本労働局	096-211-1706	熊本	096-362-7100
八代	0965-32-3151	玉名	0968-73-4411
人吉	0966-22-5151	天草	0969-23-2266
菊池	0968-25-3136		
大分労働局	097-536-0110	大分	097-535-1512
中津	0979-22-2720	佐伯	0972-22-3421
日田	0973-22-6191	豊後大野	0974-22-0153
宮崎労働局	0985-38-8821	宮崎	0985-29-6000
延岡	0982-34-3331	都城	0986-23-0192
日南	0987-23-5277		
鹿児島労働局	099-223-8239	鹿児島	099-214-9175
鹿屋	0994-43-3385	川内	0996-22-3225
加治木	0995-63-2035	名瀬	0997-52-0574
沖縄労働局	098-868-6060	那覇	098-868-8008
沖縄	098-982-1400	名護	0980-52-2691
宮古	0980-72-2303	八重山	0980-82-2344

個別労働紛争の解決は・・・

●社労士会労働紛争解決センター

職場で起きた経営者と労働者の間で発生したトラブル（個別労働関係紛争）を，社会保険労務士が双方のお話を伺い，「斡旋」という手続により円満な解決策を図る機関です。

0570-064-794（ナビダイヤル）

●紛争調整委員会（都道府県労働局）

突然の解雇，時給の引き上げ等，労働者個人と事業主との間の紛争の解決を，都道府県労働局の紛争調整委員会（弁護士・大学教授・社会保険労務士などの労働問題の専門家により組織された委員会）が行っている「斡旋」制度を利用することで簡易・迅速・少ない費用で解決を図ることができます。

仕事が原因のメンタルヘルスの悩みは・・・

●こころの耳

職場のメンタルヘルス対策（自殺予防対策を含む）および過重労働対策について，事業者，労働者，家族等からの基本的な問いかけに対応することを目的として厚生労働省委託事業として開設されているポータルサイト。ケースに応じた相談先を知ることができます。産業カウンセラー等によるメール相談も可能です。

法律や相談の相談は・・・

●日本司法支援センター（法テラス）

法的トラブルに巻き込まれて困ったとき，専門オペレーターが，お問い合わせ内容に応じて，法制度や相談機関・団体等を紹介します。法テラスは全国都道府県に1か所（北海道は4か所）地方事務所があります。地方事務所では面接・電話での問い合わせを受けています。

巻末資料　169

コールセンター　0570 - 078 - 374（PHS可）

03 - 6745 - 5600（ＩＰ）

失業給付や教育訓練の相談は・・・

●ハローワーク（公共職業安定所）

　雇用保険の被保険者が，定年，倒産，自己都合等により離職し，失業中の生活を心配しないで，新しい仕事を探し，1日も早く再就職していただくために，失業給付の手続きを行っています。また，雇用継続給付，就職促進給付，教育訓練給付等の手続きを行っています。全国各市区町村により管轄のハローワークが決まっています。

国民年金や厚生年金のことは・・・

●街角の年金相談センター

　全国社会保険労務士会連合会が全国37都道府県75か所で，年金に関する相談を対面で行っています。年金の相談から年金請求書の手続まですべて無料でサービスが受けられます。

●年金事務所

　一般的な年金に関する問い合わせ「ねんきんダイヤル」

　　0570 - 05 - 1165（PHS），03 - 3335 - 6304（FAX）

　　03 - 6700 - 1165（IP）

　または，全国の年金事務所にて相談を受け付けています。

その他の相談先等

●労災事故・・・労働基準監督署
●健康保険・・・全国健康保険協会・健康保険組合等
●国民健康保険・・・地方自治体等

参考文献一覧

淺野高宏（2015a）「喧嘩慣れしていない労使が権利行使で対立すれば収拾がつかなくなる」『労働基準広報』No. 1866, pp. 32-37。

淺野高宏（2015b）「労働紛争処理・解決と労働者に対するワークルール教育」『日本労働法学会第129回大会報告要旨集』（配布資料）。

居神浩（2010）「ノンエリート大学生に伝えるべきこと――『マージナル大学』の社会的意義」『日本労働研究雑誌』No. 602, pp. 27-38。

上西充子（2015）「学校現場への実践的な労働法教育の導入は可能か」『現代思想』Vol. 43-8, pp. 64-74。

梅崎修・上西充子・南雲智映・後藤嘉代（2015）「大学生の労働組合認識とワークルール知識が就職活動に与える影響」『日本労働研究雑誌』No. 655, pp. 73-82。

浦坂純子（2009）『なぜ「大学は出ておきなさい」と言われるのか――キャリアにつながる学び方』筑摩書房。

大内伸哉（2014）「いまさら聞けない!? 雇用のルール（第50話・最終回）キャリア権とは何か？」『労働基準』66（7）, pp. 24-29。

太田聰一（2010）『若年者就業の経済学』日本経済新聞出版社。

金井篤子（2002）「ワーク・ファミリー・コンフリクトの規定因とメンタルヘルスへの影響に関する心理的プロセスの検討」『産業・組織心理学研究』Vol. 15, No. 2, pp. 107-122。

金原清之・大田晶子（2012）「ニュー5Sによる職場の活性化講座――生産性向上のための従業員のスピードアップを」『労働安全衛生広報』第44号（通号1027）, pp. 38-45。

神谷美恵子（1966）『生きがいについて』みすず書房。

経済産業省（2010）『社会人基礎力育成の手引き――日本の将来を託す若者を育てるために』。

玄田有史（2010）『希望のつくり方』岩波書店。

厚生労働省（2004）『厚生労働白書』。

厚生労働省（2009）『労働関係法制度の知識の理解状況に関する調査』。

厚生労働省（2014）『平成26年就業形態の多様化に関する総合実態調査』。

厚生労働省（2015）『大学生等に対するアルバイトに関する意識等調査』。

小杉礼子（2004）「若年無業者増加の実態と背景――学校から職業生活への移行の隘路としての無業の検討」『日本労働研究雑誌』No. 533, pp. 4-16。

小杉礼子（2014）『若者と初期キャリア――「非典型」からの出発のために』勁草書房。

児美川孝一郎（2007）『権利としてのキャリア教育』明石書店。

児美川孝一郎（2014）「講演　高校・大学における『キャリア教育』を問い直す――これまでの検証, そして創造へ」『地域と経済』第7号, pp. 95-127。

佐古田博（2011）「高校生の就職問題は日本社会に何を提起しているか」『前衛』No. 866, pp. 183-195。

佐々木周作・明坂弥香・黒川博文・大竹文雄 (2015)「芥川賞・直木賞受賞が余命に与える影響——社会的地位の余命効果に関する自然実験」『行動経済学会第9回大会報告要旨集』http://www.abef.jp/event/2015/pdf_abst/E1.pdf (2015年11月15日取得)。

佐藤博樹・原ひろみ (2006)「若年非正規社員の就業希望と雇用管理のあり方」『雇用の多様化, 流動化, 高度化などによる労働市場の構造変化への対応策に関する調査研究報告書』雇用・能力開発機構・財団法人統計研究会, pp. 15-29。

佐野毅彦 (2005)「Jリーグ新人研修の現状と課題 」『スポーツ産業学研究』15 (1), pp. 37-45。

椎名純代 (2008)「ワークショップ スポーツライフスキルを体感する——アクティビティを通じて 」『スポーツ心理学研究』35 (1), pp. 44-46。

下村英雄・堀洋元 (2004)「大学生の就職活動における情報探索行動」『社会心理学研究』20 (2), pp. 93-105。

商工にっぽん編集部編 (2003)『「べいす114」当たり前を習慣にする——利益につながる全社で5S』。

鈴木玲 (2013)「日本の社会運動ユニオニズムの現状と課題」『日本労働社会学会年報』No. 24, pp. 3-18。

諏訪康雄 (1999)「キャリア権の構想をめぐる一試論」『日本労働研究雑誌』No. 468, pp. 54-64。

全国社会保険労務士会連合会 (2014)『知っておきたい働くときの基礎知識〔第2版〕』。

総務省 (2015)『労働力調査』。

高橋圭介 (2004)「類語［普通］と［一般］の意味分析」『日本語教育』第122号, pp. 22-31。

高橋俊介 (2002)「成果主義とキャリア自律の補完関係」『組織科学』No. 35, pp. 32-42。

陳力衛 (1990)「イッパン・フツウ」国広哲弥編『意味分析3』pp. 65-67。

筒井美紀 (2013)「「労働（法）教育論争——現場を見る研究の視線／研究を見る現場の視線」『ふり返り教育理論講座——論争から見えてくる日本の教育』pp. 67-81。

大谷謙治 (2014)『これから働き始める人のための実践的仕事論』学文社。

得丸智子 (2009)「ジェンドリンTAEの応用可能性——文章表現教育と質的研究」『言語文化と日本語教育』No. 37, pp. 67-70。

道幸哲也 (2006)「労働法教育の課題」『日本労働法学会誌』No. 107, pp. 153-161。

中嶌剛 (2008)「公務員志望学生へのキャリア教育実践の試論的考察——『とりあえず公務員』意識に注目して」『経済教育』No. 27, pp. 124-133。

中嶌剛 (2013)「とりあえず志向と初期キャリア形成-地方公務員への入職行動の分析」『日本労働研究雑誌』No. 632, pp. 87-101。

中嶌剛 (2014)『キャリアデザイン入門テキスト』学事出版。

中嶌剛 (2015a)『とりあえず志向とキャリア形成』日本評論社。

中嶌剛 (2015b)「女性公務員の主観的キャリア意識に関する実証研究」『学苑』第893号, pp. 67-78, 昭和女子大学近代文化研究所。

成田恭子 (2011)「『キャリア教育』の中に『労働教育』の視点を」『女も男も——自立・平等』No. 117, pp. 62-68。

仁井田典子（2014）「脆弱で，不安定で，曖昧な連帯の可能性——ある女性コミュニティ・ユ
ニオンを事例として」『解放社会学研究』No. 28, pp. 94-108。

日本学生支援機構（2013）『平成25年度奨学金の延滞者に関する属性調査結果』。

服部泰宏（2015）「最新労働事情解説 採用学からみる『今後の新卒採用』のあり方：採用活動
の課題に科学的にアプローチする「採用学」の視点から，2016年卒をめぐる変化と共に
考える」『労働法学研究会報』66 (11), pp. 24-41。

原尻淳一・千葉智之（2013）『キャリア未来地図の描き方——ライスワークとライフワークの2
軸で考える新しい働き方』ダイヤモンド社。

溝上慎一・松下佳代編（2014）『学校から仕事へのトランジション——変容する能力・アイデ
ンティティと教育』ナカニシヤ出版。

文部科学省初等中等教育局児童生徒課（2004）「特別記事 キャリア教育の推進に関する総合的
調査研究協力者会議報告書 児童生徒一人一人の勤労観，職業観を育てるために」『文部
科学時報』No. 1534, pp. 56-65。

山田昌弘（2007）『希望格差社会』筑摩書房。

吉田美穂（2015）「どんなときでも自分自身の権利を考え,何かあったときには相談できるとい
うことを知っておいてもらいたい：働くことのルールや法律を高校生に教える」『看護教
育』Vol. 56, No. 5, pp. 389-395。

労働政策研究・研修機構（2015）『データブック国際労働比較2015』。

労務行政研究所（2010）「企業における昇進年齢の実態（労務行政研究所）——標準は係長33歳
→課長39歳→部長47歳」『労働と経済』No. 1510, pp. 55-57。

脇坂明（2011）『労働経済学入門——新しい働き方の実現を目指して』日本評論社。

和田秀樹（2015）「サービス残業マン，ATM夫…知らぬ間に奴隷人生——心が支配されるプロ
セス図解」『PRESIDENT』第53巻第32号，pp. 44-47。

Bandura, A. (1982) "Self-efficacy Mechanism in Human Agency," *American Psychologist.*
Vol. 37, No. 2, pp. 122-147.

Derr, C. B. (1986) "Five Definitions of Career Success: Implications for Relationship," *International Review of Applied Psychology*, 35, pp. 415-435.

Doeringer, P. (1990) *Bridges to Retirement: Older Workers in a Changing Labor Market.*
Ithaca, NY: Cornell University ILR Press.

Fitzgerald J. (2006) *Moving up in the New Economy: Career Ladders for U.S. Worker*, A
Century Foundation Book.（筒井美紀・阿部真大・居郷至伸訳『キャリアラダーとは何
か』勁草書房，2008年）

Hayward, M. D., Crimmins, E. M. and Wray, L. A. (1994) "The Relationship between Retirement Life Cycle Changes and Older Men's Labor Force Participation Rate," *Journal of Gerontology: Social Sciences,* 49, S219-S230.

Krumboltz, J. D. and Levin, A. S. (2002) *Planned Happenstance: Making the Most of
Chance Events in Your Life and Your Career.* Atascadero, CA: Impact.

Maslow. A. H. (1943) "A Theory of Human Motivation," *Psychological Review 50*, No. 4, pp. 370-396.

Mitchell, K. E., Levin, A. S. and Krumboltz, J. D. (1999) "Planned Happenstance: Constructing Unexpected Career Opportunities," *Journal of Counseling & Development*, Vol. 77, No. 2, pp. 115-124.

Schein, E. H. (1978) *Career Dynamics :Matching Individual and Organizational Needs*. New York, NY: Addison-Wesley.

Schlossberg, N. K. (1981) "A Model for Analyzing Human Adaptation to Transition," *The Counseling Psychologist*, 9, 2, pp. 2-18.

Super, D. E. (1990) "A Life-span, Life-space Approach to Career Development," in D. Brown and L. Brooks (eds.), *Career Choice and Development: Applying Contemporary Theories to Practice*, San Francisco: Jossey-Bass, pp. 197-261.

あとがき

　本書は，学生（法学部在籍者以外も含む），大学院生，若手社員など，キャリアの初期段階にある人々を主な対象とし，「自分らしく生きるためのキャリアとは何か」，あるいは「労働者の権利を念頭に置いたキャリア形成の在り方」を主体的に考えることを意図として書かれたものです。予備知識なく読め，キャリア形成論とともに労働法の基礎が効率的に学べるように工夫しました。執筆・編集にあたっては，労働法の入門書として，形式的な条文や難解な判例などを極力省略し，読者に最低限，理解・共有してもらいたい内容を取り上げました。一方，全体を通じて，図表を多用することで，法律に対する抵抗感を軽減し，文章の羅列に終始しないように配慮しました。「Step1―知るの巻（第1・2章）」，「Step2―考えるの巻（第3・4章）」，「Step3―つながるの巻（第5・6章）」の3部構成にし，段階的に理解の深化が図れるようにしました。「知るの巻」から順番に読み進めていただいても構いませんし，習熟度に応じて「考えるの巻」や「つながるの巻」から読んでいただいても効果的です。

　本書は多くの読者を想定しており，大学1年生向けのキャリアガイダンスや基礎ゼミナールの副教材はもちろんのこと，すでにキャリア教育を学習した経験がある上級生にとってもより実践的に使用していただけます。また，就職活動を経験している大学4年生や新社会人にとっては，社会に踏み出す直前（直後）の学び直しにもなるでしょう。各々の読者の皆さんが働くルールに関し，最低限の知識武装をしつつ，安心して，自分らしい生き方を志向するための道標の1つになれば，幸いです。

　なお，本書の刊行に際し，筆者の指導教官である同志社大学名誉教授の中尾武雄先生，および，国際弁護士の内海英博先生のお二方からご教示を受けました。中尾先生からは「常に知的好奇心を持ってコツコツと学び続けることの重要性」を先生の研究姿勢から教えていただきました。内海先生からは，「時間を大切にし，労働を通じて悔いのない日々を送ることの大切さ」を教授していただきました。加えて，法政大学キャリアデザイン学会第1回研究会（2016年5

月6日，於 法政大学市ヶ谷キャンパス）で講演させていただいた際に梅崎修先生（法政大学）から示唆に富むご助言をいただきました。また，キャリアコンサルタント仲間である大隅深雪・野浪晶子の両氏には校正作業・助言等で大変お世話になりました。さらに，提出原稿の確認作業，連絡調整，編集作業など，編集実務全般において献身的に関わっていただきました萌書房・代表取締役の白石徳浩氏のご尽力により，刊行にこぎつけることができました。記して感謝を申し上げます。

　最後に，読者の皆さんが，自らの人生を自覚的に生きることの意味を深め，確かな希望を持って職業キャリアを築いていかれることを祈念します。

　2016年6月

中嶌　剛

索　引

ア　行

AIDMA の法則　56
アドベンチャー学習モデル　153
アライアンス　89
安全衛生規制　40
安全配慮義務　73
エンゲージメント　89
エンプロイアビリティ　30
黄犬契約　39
オワハラ　50

カ　行

解雇権濫用法理　77
改正パートタイム労働法　17
外的キャリア　116
ガクチカ　53
学歴フィルター　28
隠れブラック企業　77
家事の無償労働論　26
学校から職業への移行　107
過労死　24
完全失業者　100
企業の社会的責任　81,151
企業別組合　130
希望の社会科学　5
基本的人権　17
逆選択　119
キャリア・アンカー　10,27,51
キャリア権　90
キャリア・ディレクション　31
キャリア・ミスト　119
キャリアラダー　116
教育を受ける権利　73
強行的効力　38
競合避止義務　73
ぐるみ闘争　120

サ　行

クロス SWOT 分析　48
契約内容の自由　38
公益通報者保護法　76
合同労組　132
幸福のパラドックス　67
5 S　35,85
ゴーイングコンサーン　43,81
コース別管理制度　28
コーポレートガバナンス　68
心の知能指数　118
こころの耳　169
コストパフォーマンス　118
個別的労働紛争　6,7
個別労働紛争解決システム　128
個別労働紛争解決制度（ADR）　12
コミュニケーション能力　32
御用組合　71
雇用調整　87
コンピテンシー　30
コンプライアンス　69

サービス残業　25
災害補償　160
最後の質問　52
最低基準効　39
採用を科学する研究　58
サプライチェーン　49
3M　86
3C 分析　47
3 大ハラスメント　12
ジェンダーギャップ指数　13
自覚的キャリア形成　10
時間順序の選択性　98
時間選好性　98
自己効力感　124
仕事と家庭の両立　25

177

次世代シニア問題　88
社会人基礎力　53,54
社会保険制度　157
若年雇用促進法　77,84,129
若年無業　99
　——者　100
社労士会労働紛争解決センター　169
就業規則　32,39
就職格差　105
就職内定　46
就職ナビサイト　56
就職力　53
集団的労働紛争　6,7
春季労使交渉　125
奨学金受給率　72
職業訓練　42
職務専念義務　73
女性活躍推進法　66
女性管理職　28
初任給　31
ジョハリの窓　47,124
序列社会性　69
信義誠実の法則　90
人口減少社会　109
人事考課　28
新人教育　151
人生役割　25
人本主義　88
心理的契約　89
心理的視野狭窄　71
スクリーニング　46
スタッフ部門　116
ステークホルダー　81
成果主義　109
生存権　38
性別役割分業　29
整理解雇の4要件　77
セーフティネット　124
世代効果　7,103
絶対的必要記載事項　33
セレンディピティ　9
全員参加型社会　87

総合労働相談　127
　——コーナー　14,128,162
　——所　162
相対的必要記載事項　33
ソーシャルスキル　123
組織コミットメント　89

タ　行

ダイバーシティ　103
男女雇用機会均等法　28,161
長期雇用システム　72
長時間労働　24
直律的効力　38
賃金カーブ　108
賃金支払いの4原則　17
使い切り型　76
TAE　142
TPO　35
ディーセントワーク　18
定期昇給　120
テールリスク　119
同一労働同一賃金の原則　17,87
統計的差別　28
トランジション・モデル　103
とりあえず志向　98,104
とりあえず就職　102
とりあえず内定　24

ナ　行

内的キャリア　116
内部労働市場　31
名ばかり管理職　71
二分割思考　71
日本型ニート　97
日本国憲法　38,74
日本司法支援センター　169
日本の雇用慣行　37
日本労働組合総連合会　125
ニュー5S　85
任意的必要記載事項　33
人間力　118
認知的不協和　71

178　索　引

年金事務所　170

ハ　行

パートタイム労働者　15
派遣労働者　130
働く目的　26
ハローワーク　170
B to B, B to C　57
比較優位　85,86
ビジネスマナー　13
秘密保持義務　73
ファミリーフレンドリー企業　17
部長適齢期　88
普通職業教育　11
不当労働行為　39
不本意非正規　100
ブラック企業　3
ブラックバイト　3,25,72
プランド・ハプンスタンス　26,101
フルタイム労働者　15
プレイングマネジャー　66
フレックスタイム制　109
プログレシブ・アプローチ　66
紛争調整委員会　128,169
ベア　108
ホウ・レン・ソウ　35
ポジティブ・アクション　17,65
ホワイト企業　89,124

マ　行

街角の年金相談センター　170
マミートラック　67
みん就　75
無償労働　26
メンター　35

ヤ　行

雇い止め　25

ユニオン　130,131
欲求5段階説　i

ラ　行

ライスワーク　110
ライフスキル　153
ライフワーク　111
ライン部門　116
ラディカル・アプローチ　66
リアリティショック　151
リカレント教育　144
離職率　102
倫理憲章　24
レジリエンス　11
労使協議機関　126
労使協定　40
労働委員会　160
労働関係調整法　4,160
労働基準監督署　40
労働基準法　37,74,158
労働協約　38,39,160
労働組合　39
──法　6,160
労働契約　37,39,159
労働3権　120
労働時間　23
労働者　36
労働者の権利教育　14
労働生産性　84
労働争議モデル　121
労働力人口　88
ロールモデル　34,67,142

ワ　行

ワーキングプア　16
ワークシェアリング　87
ワーク・ファミリー・コンフリクト
　　110

索　引　179

■著者略歴

中嶌　剛（なかしま　つよし）
- 1974年　兵庫県に生まれる
- 2004年　同志社大学大学院経済学研究科博士後期課程単位修得満期退学
- 現　在　千葉経済大学経済学部准教授　社会保険労務士　キャリアコンサルタント
- 専　門　労働経済学　キャリア形成論
- 賞　歴　第14回労働関係論文優秀賞（独立行政法人　労働政策研究・研修機構（JILPT））

主要著作

『キャリアデザイン入門テキスト──人生設計のためのパワースポット55選』（単著：学事出版，2014年）

『とりあえず志向とキャリア形成』（単著：日本評論社，2015年）

「とりあえず志向と初期キャリア形成──地方公務員への入職行動の分析」『日本労働研究雑誌』No. 632，2013年2・3月号

ブラック企業に負けないリーガル・リテラシー
──労働法と学ぶ「自覚」のキャリア論──

2016年9月10日　初版第1刷発行

著　者　中嶌　剛

発行者　白石徳浩

発行所　有限会社　萌　書　房
　　　　〒630-1242　奈良市大柳生町3619-1
　　　　TEL (0742) 93-2234 / FAX 93-2235
　　　　[URL] http://www3.kcn.ne.jp/~kizasu-s
　　　　振替　00940-7-53629

印刷・製本　共同印刷工業・藤沢製本

© Tsuyoshi NAKASHIMA, 2016　　　　　　　Printed in Japan

ISBN978-4-86065-106-0